橋爪紳也

「水都」大阪物語

【再生への歴史文化的考察】

藤原書店

はじめに――「水都」大阪の想像力

都市の原点としての「水」

時代を問わず、水はすべての文明の源である。海でも湖でも良い。湧き水でも池でも河川でも構わない。水と陸とが出会う場所を選んで、先人たちは居を構え、やがて都市を築いた。水は人々の営みをさかんにした。砂漠にあってはオアシスが都市の原点となり、船で運ばれる財は港湾都市を発展させた。大河の畔に国家を支配する者の本拠となる都がしばしば整備されたのは、歴史の証明するところだ。

水は人々の生命線であった。枯渇する土地にあっては、人々は大地をうがって井戸を抜き、水を貯える施設を設けた。水は重力に従って、高い位置から低い位置に流れる。人々は水の道を確保することに、叡智と技を尽した。遠くから上水道を伸ばすと同時に、汚れた水を排出する溝や管を建造することで、不自然なほどに増え続ける居住者が生活できる場を確保する。私たちは都市という身体中に動脈や静脈のごとく水の道を貫き、さらには毛細血管のごとく生活の場の隅々にまで、太く細く、水の管を張りめぐらせてきた。

いっぽうで水は繁栄を阻害する役割を担う。想像もできない苦労を重ねて、人々は海を陸に、湿地を耕地に改めてきた。干拓を繰り返し、埋め立てた土地の上にさらに土砂を重ね、自然界には見受けられない海岸線を出現させた。しかし人の巧みをあざ笑うように、津波や高潮は水辺の都市を一瞬にして廃墟に戻す。時に水を恐れ、水を受け入れ、時に水と戦い、水を操り、水を従えることが、人類の本質的な営為であった。

水と陸の境目を、いかにして人智で治めるのか。そこに都市の本質がある。水をめぐる思考から、都市の本質が見えてくると考えるゆえんである。

「水の都」大阪の誕生

「都」は人々の憧れを喚起する。たとえばパリは、しばしば都市を語る際の雛形となる。モントリオールは「北米のパリ」、プノンペンや上海は「東洋のパリ」、イルクーツクは「シベリアのパリ」、ブエノスアイレスは「南米のパリ」、ベイルートは「中東のパリ」、ブカレストは「東欧の小パリ」の別名を持つ。「華の都」への憧憬がこの種の形容を流通させているのだろう。

日本では大阪がパリに喩えられたというと意外だろうか。水路が市街地を縦横に貫き、都心には象徴的な中洲と丘。幕末から明治初期、訪れた外国人が近似を見てとった。加えて、商工の中心であり、芸能や芸術を育む文化都市という点も共通する。幕末に焼け野原となった京都に比し、歴史都市という面も評価された。大阪はパリに比肩される独自の美観を有していたわけだ。

明治三〇年代、大阪は新たな通り名を獲得する。水路網に沿って繁栄した都市の風情をベネチアに見立てた、「東洋のベニス」すなわち「水の都」という冠だ。

この栄誉を受けた大阪の人々は、遥かに遡って都市の「物語」を書き直す。近江・山城・丹波・大和の水を集め、瀬戸の海への出口となる地政学的位置。古代には、住吉津や飛鳥の外港である難波津から、隋への使節も旅立った。また戦乱の世、台地に城塞を築いた権力者は、堀を抜いて湿原を陸地とした。大阪は成立当初から「水の都」と呼ぶに値したように見える。

「徳川の平和」のもとでの繁華も同じ文脈で語り直そう。「天下の台所」を、縦横に開削された掘割のネットワークが支えた。道頓堀の芝居茶屋町、淀川舟運や琴平参詣の客で賑わう大川沿いの旅館街、行楽地の天保山など、水路沿いに都市を代表する名所が点在した。

水際に散在する美しい景観や人々の生業は、ベネチアを参照するまでもない。いにしえより大阪は「水の都」の名に値する世界都市であった。人々はイタリアの都市に由来する美称を、みずからの都市の固有性へと、すっかり置換した。

新たな物語のはじまり

過去に遡ることで、たとえ話は確信に転じた。あとは物語を膨らませ、熟成させる段階にある。大正から昭和初期、大阪は「東洋一の商工地」と市歌にうたう近代化を果たす。

都心部の川沿いにアメリカ流のビルディング街が成立、「日本のニューヨーク」「東洋のシカゴ」と呼ばれた。紡績や造船を基幹とする工場地帯は「東洋のマンチェスター」「煙の都」の渾名を得る。

こうした都市の激変も「水の都」という、より大きな物語に収斂されたようだ。

しかし戦後の高度経済成長にあって、大阪は美称を失う。産業基盤としての運河網は機能を減じ、下水道という本来の役割が突出する。工場排水と生活汚水が混じる異臭の川は順に埋め立てられ、市民の意識も生活も水辺と疎遠になる。結果、「水の都」という市民の誇りは忘却された。

近年、状況が変わりつつある。環境問題への関心の高まりと共に、公共空間として河川空間が再評価され、川筋を活かす市民活動が盛り上がっている。私は大阪のシビック・プライドの向上をはかるためにも、今こそ「水の都」の物語を再構築するべきだと主唱してきた。魅力的な都市をめぐる物語は、しばしば時空を越えて、遡り、時に未来を見て、常に上書きされることを待っている。大阪も例外ではない。過去から現在、そして未来に向けて、大阪が「水の都」の物語を再構築することを企図するために著した私なりの研究ノートを、ぜひ一読いただきたい。

「水都」大阪物語　目次

「水都」大阪物語——再生への歴史文化的考察

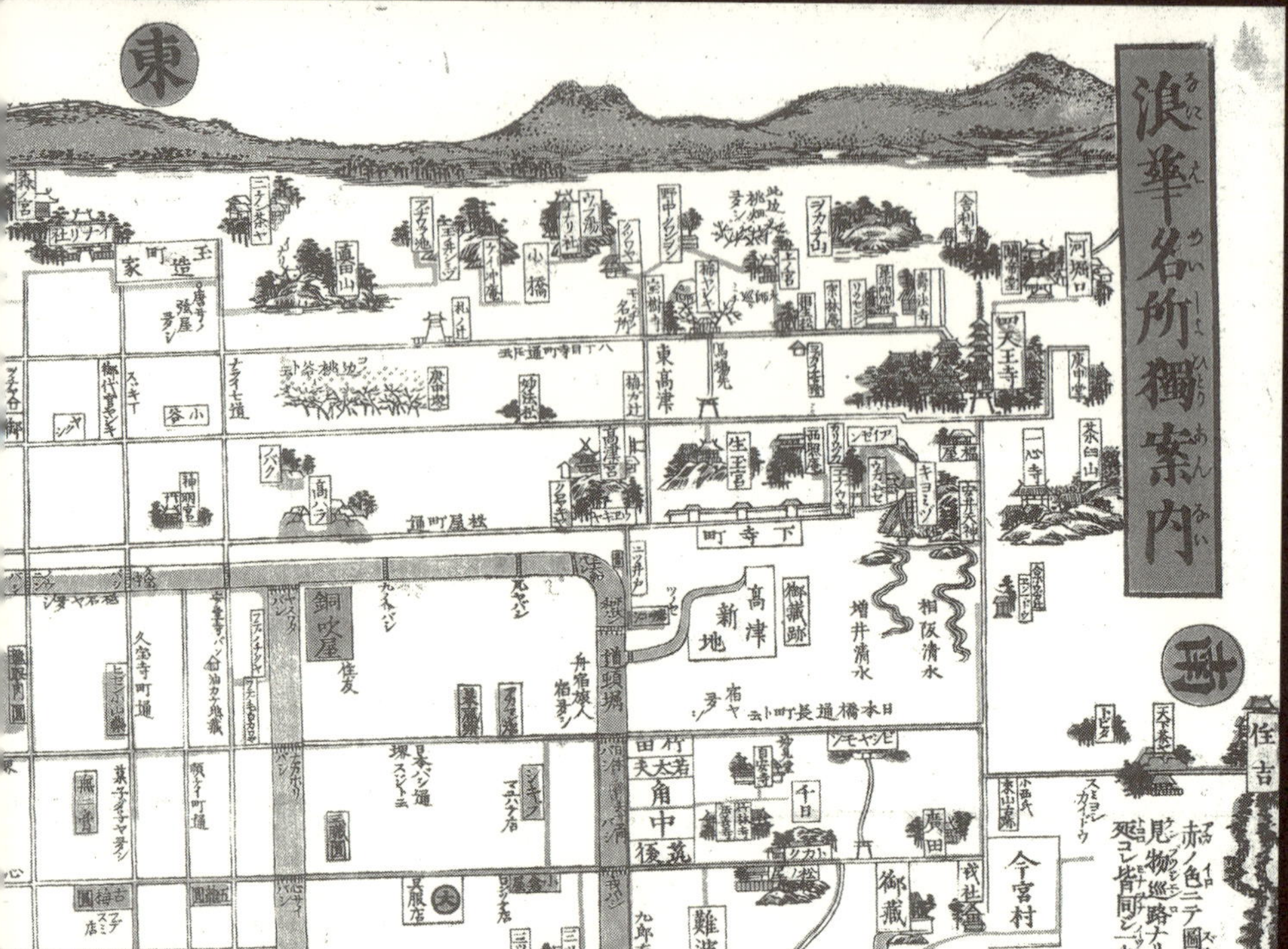

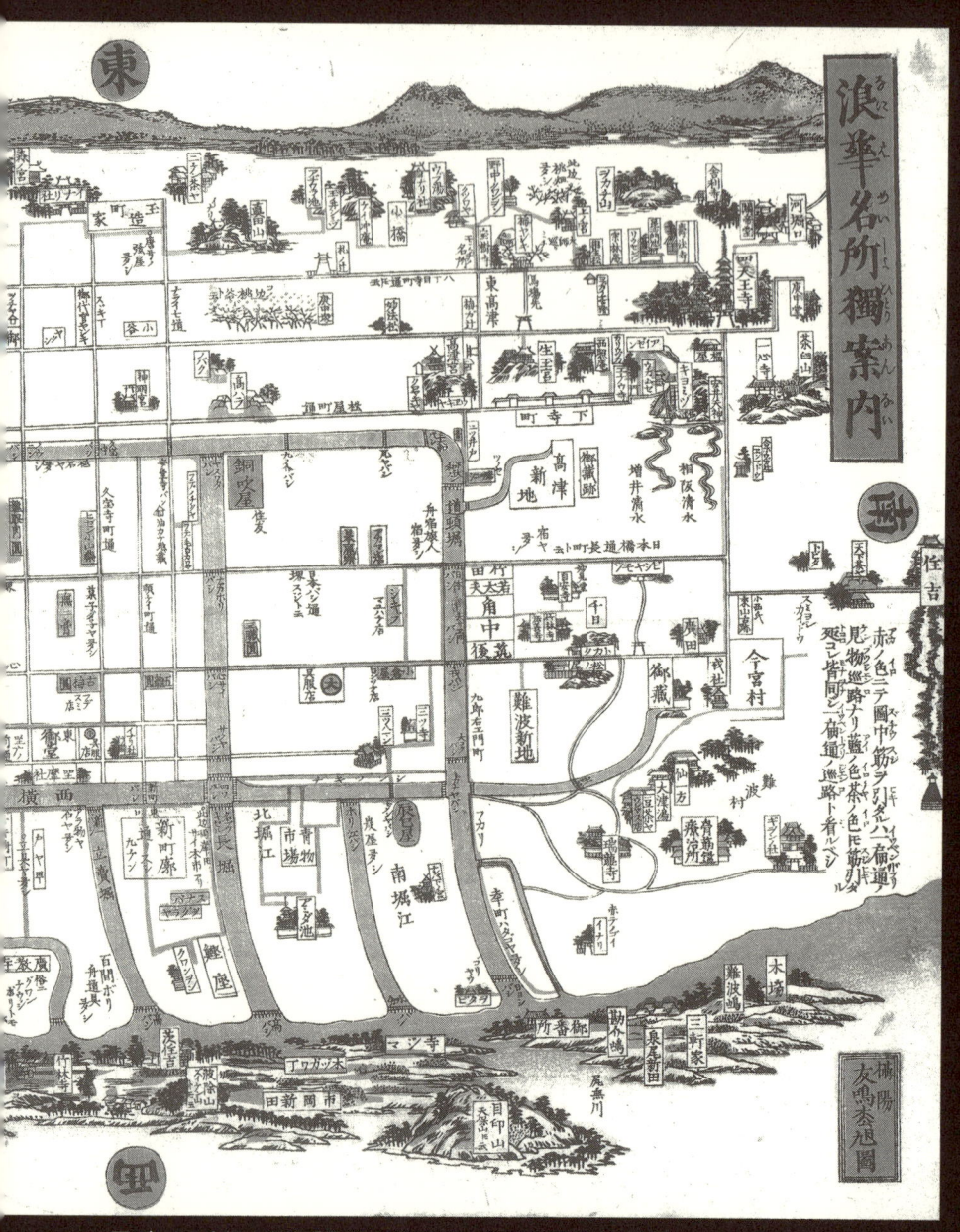

図 序-1　大坂の水路「浪華名所独案内」（天保年間作成のものの復刻。図の左が北）

序 浜——水と陸とが出会う場所から

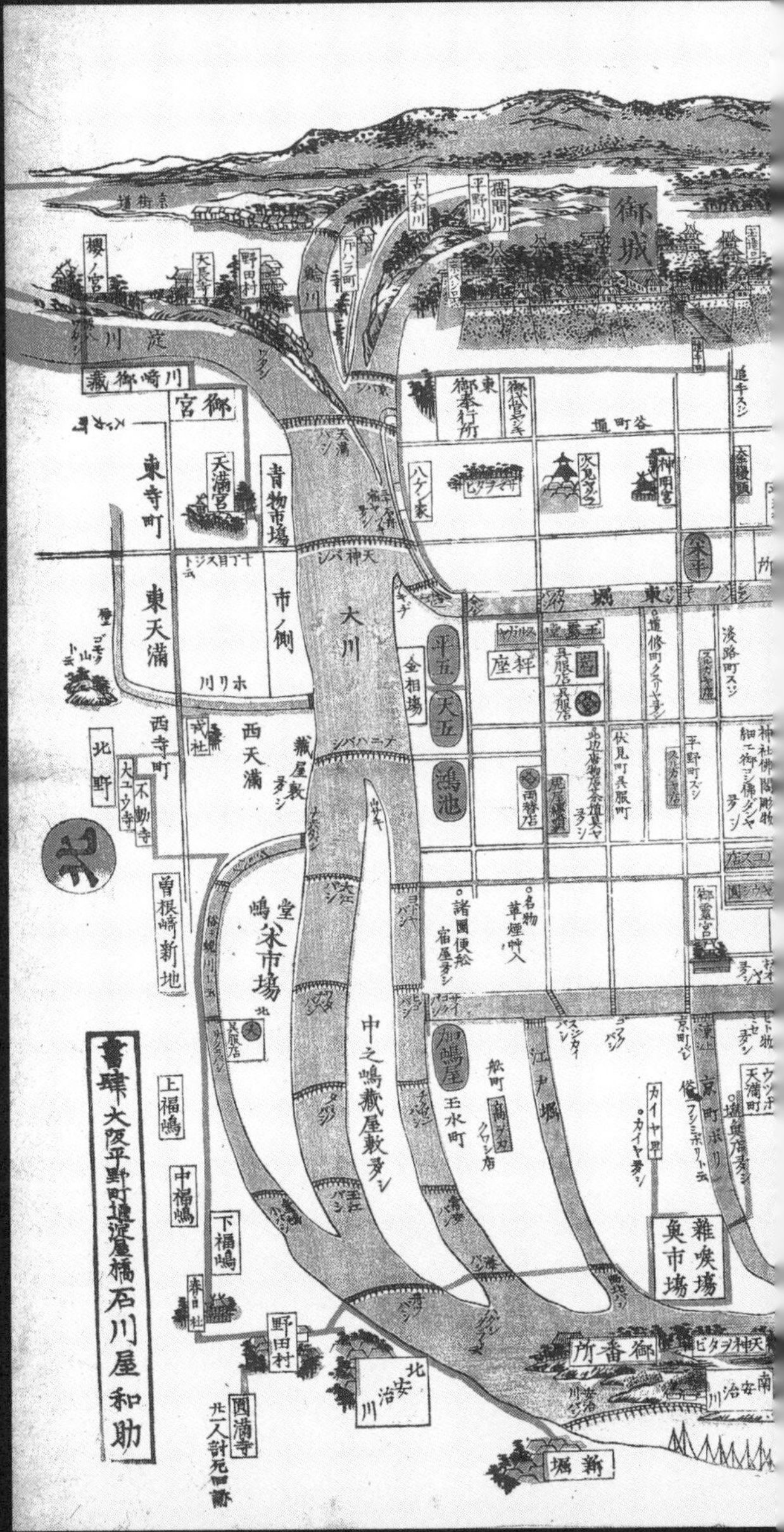

一 「水の都市」大阪の物語

大阪という都市の物語を振り返ろう。大阪は淀川とかつての大和川が合流し、瀬戸内海に注ぐ河口部に位置している。上流からの土砂が堆積し、上町《うえまち》台地を除くと難波八十島《なにわやそしま》と呼ばれるほどに数多くの砂州が出現した。海に臨む一面の湿地、葦の原に浮かぶ多数のラグーンや浅瀬がこの街の起源である。

都が奈良、そして京へと遷るなかで、台地と浅瀬との境に港が築かれる。そもそも大和川と淀川は大坂と奈良・京を結ぶ交通・物流の大動脈であった。河口部であるこの地にあって、古代には難波津、中世では渡辺津《わたなべのつ》という中継港が発達したのは当然の成り行きであった。内陸の都と対になる外港として発達、難波宮や高津宮が置かれたこともある。港は都市が発達する種子となった。さらに中世に至ると、上町台地やその周辺には港津集落や四天王寺の門前町、石山本願寺の寺内町などの都市的な場が散在していく。

やがて城下町の建設が始まる。ここに地の利を見いだしたのは信長であり、秀吉であった。豊臣秀吉は天正十一（一五八三）年、新たな築城にあわせて、城下に都市を建設した。

人々が居住するためには、その地で飲料水が容易に得られ、同時に衛生的に排水されなければならない。汚水や雨水を流し込むために、城下の東端と西端に長大な溝が開かれた。東端の堀割は東横堀川、西端の溝は西横堀川と称されることになった。特に西横堀川の位置は、建築に適した渇いた土地と適さない湿地との境界をなしていた。

この両堀川の間に宅地割が施される。新たに確保された土地は、家臣団の屋敷地に割り当てられるとともに、町人たちにも分配された。城下には人が集まるようになる。特に堺や平野の商人たちは大坂に転じた。秀吉はこの城下を拠点に、四国征伐、九州征伐を指示、さらには小田原征伐、朝鮮出兵を続けた。

天和元（一六一五）年五月八日、大坂夏の陣が終結する。徳川家康は松平忠明を封じて城郭を修築、城下の復興にあたらせる。新たに市街地を開き、寺院群を上町台地などの寺町へ集結させた。さらには墓地・火葬場の整理、下船場の開発といった市街地整備をすすめる。

忠明は旧三の丸のうち東半を残して、西半を市街地として開く。ここに町割を施し、下水溝を整備して都市基盤を整え、伏見の町民を迎えている。治水事業も実施された。秀吉の掘った東西の両横堀川は南で堀留めになっており、日用汚水と雨水が流れこみ停滞していた。汚水の疎流を図るために、開削されたのが道頓堀である。両横堀川から道頓堀を経て木津川へと流れることで、衛生状態が改善された。開削された土砂は両岸に積み上げられ、低湿な土地の嵩上げを行い町屋の敷地とした。運河の開削は土地を造成する手段でもあったわけだ。

東西の横堀川のあいだに整備されたこの市街地が、今日の大阪にあっても都心という役割を担い続けている船場《せんば》である。結果として、船場は四つの川に取り囲まれることになった。北は土佐堀川が、東と西と南は人工の堀割である東横堀川、西横堀川、長堀川が結界をかたちづくる（図序—1〜2）。

なぜ船場と呼ばれるようになったのか。地名の由来は多彩である。船着き場説、「戦場」からの転訛とみる説、砂浜で馬を洗ったという「洗馬」説、多くの波、すなわち「千波」から「千場」となったという説、交易のセリが行われたことから「セリバ」となったとみる説などがある。いずれも根拠

図 序 -2　現在の大阪市中心部の水路

は定かではないが、いずれにせよ水に関係の深い地名である可能性は捨てがたい。

二　江戸の上水、大坂の下水

都市を維持するうえで「水」の確保は不可欠である。もっとも近世の大坂において、「水道」といえば下水のことであった。江戸にあって上水道が発達したのとは対照的である。大坂では井戸水は塩気が強く飲用には適さず、防火用水や洗い物などに利用される程度であったという。ゆえに河川水が生活に欠かせない用水となった。町人は市中を縦横に通る堀や川に設けられた「水汲道」から水を汲み上げて使用した。水を売る商いも盛んであったらしく、百隻以上の水船が淀川筋の水を船に積んで桶で宅配した。各家庭は「水」と書いた木札を軒先に吊るして目印とした。また夏になると「砂糖水屋」が、「ひゃっこい、ひゃっこい」という売り声とともに白糖入りの冷たい水を売り歩いた。

いっぽうで船場では下水道の整備がすすんだ。東西方向におおよそ1／367の勾配があり、一辺四一〜四二間のほぼ方形に整えられた街区を二分して中央に設けられた排水溝から横堀川に水を流した。建物の背が合わさる所に排水溝が来るところから、「背割下水」と呼ばれた。

その姿は近代における改良時の図面から推定することができる。通常一尺（約三〇・三センチメートル）から四尺の幅で、大きなものでは一間から二間に及ぶものもあった。初期は素掘りや、木柵で簡単に土留めされた程度であったが、後に石垣で護岸が施されるようになる。道路が横断する場所には石蓋が渡され、石橋としたが、その他の部分は蓋のない開渠であった。同様の背割下水は、近江八幡などの他の城下町でも見受けられるが、船場ほど大規模に市街地全般に渡って整えられた先例はない。

当時、屎尿は周辺農村が引き受け、肥料として処理されるサイクルが確立していたために、下水に混じることはなかった。各家庭の裏庭に面して流れる背割下水周辺の空間は、洗い物などを行なう女性が集う場でもあったようだ。ただ背割下水へのごみの投棄が問題となったらしく、投棄を禁じ、監視できるように、目の高さに囲い板に穴をあけるべきとする触れ書きが出されている。

三　船場を基盤にした近代化

幕府は船場の整備に続いて、さらに西横堀川の西方一帯の低湿地を市街化するべく事業をすすめる。土地を築くために、幾筋もの運河が開削された。阿波堀に続いて元和三（一六一七）年に、京町堀川と江戸堀川が開かれる。船場の西方を占めるこの区域は、下船場または外船場と呼ばれるようになった。市街地を造成するべく掘り抜かれた河川群が、結果的に舟運の便を盛んにする交通路となり、都市での生活を支える。たとえば海産物の問屋が集まる永代浜《えいたいはま》など、運河のネットワークに沿って商家の集積ができてゆく。

幕府の方針でもあったのだろう、船場を中心とする大坂は物流と経済の中枢として繁栄をみる。重要な役割を担ったのが蔵屋敷群であった。幕府は各大名を石高（領国で産する米穀の総量）で領国に封じており、租税を金納する際に諸藩は江戸や大坂で換金する必要があった。回送されてきた米を一時保管するために、各藩は中の島などの川沿いに蔵屋敷を構えた。領国から運行してきた千石船は、舟入りから屋敷内に入った。蔵屋敷で特産物が取引きされることもあり、各藩の商人も出入りした。

城下町の基盤となった水路網と中心市街地が、その後も大阪という都市が栄えるインフラとなる。

図 序-3　絵葉書「(水都の大阪)天神橋上より望む土佐堀川の静流」(著者蔵)

明治時代になると、大阪は貿易や流通の拠点という機能に加えて、工業を基幹とする産業都市として発達する。とりわけ日清戦争に勝利をおさめてからは工場の立地が増える。黒煙が濃く、煙突は多いほどに都市の繁栄を示す指標となり、「煙の都」の異名を持つ。また繊維工業の大生産地であるイギリスのマンチェスターと比較して、「東洋のマンチェスター」という形容も得た。

近世から近代にいたる都市の変容においても、船場の中枢機能は卓越していた。北浜は金融や証券の中心となり、都市計画事業で整備された御堂筋沿いにはオフィス街がかたちづくられ、本社機能が集積される。また東西の各通りには製薬や繊維などの問屋街、平野町などの商店街が出現する。江戸時代に計画された中心市街地が、城下町ではなくなったのちも、近代化に不可欠な都市基盤として有効に機能したと言って良い。

四　都市の出入口としての「浜」

大阪の都市機能を支えるべく、河川に面した空間を整えることが重視された。主要な運輸の手段が舟運であった時期、大阪では川筋に細長い階段状の護岸が随所にあり、各地から舟で運ばれた物資を積み降ろす場が川岸に確保された。階段状になった川べりのこの細長い土地を、大阪では「浜」と称した。東京では同様の河川敷を「河岸」と書いて「かし」と呼ぶ。

船場では東西南北にある浜に面して、商家が浜蔵を建て、その近傍で貨物の上げ下ろしを行なっていた。八軒家浜、鰻谷《うなぎだに》の浜など、固有名詞を持つ「浜」がいたるところにあった。船場の北は広い浜岸であったことから「北浜」と呼ばれた。石屋が集まっていた長堀十丁目あたりの川岸は通称「石屋の浜」と呼ばれていた。長堀に接する島之内の北西のあたりは、住友銅吹所があったことから「住友の浜」、大坂屋の銅吹き工房があった佐野屋橋から西は「大坂浜」と呼ばれていた。

浜蔵（河岸土蔵）のたたずまいは、川沿いにあって独特の景観をもたらしていた。所有が明確ではなかった浜の空間を占拠するように、石柱を建て、石土台を置き、その上に土蔵を造作する。「足駄造り」と呼ばれる独特の構法で知られている。「浜」は都市における自由な空間であり、商品を並べる商人や営業をする職人もあった。

商都を支えたのは物流だけではない。多くの人がこの地を行き交った。大坂は西国と東国を繋ぐ交通の要であり、水路と陸路の結節点であった。基幹となる港が、八軒の料理旅館があったことに由来する八軒家浜である。

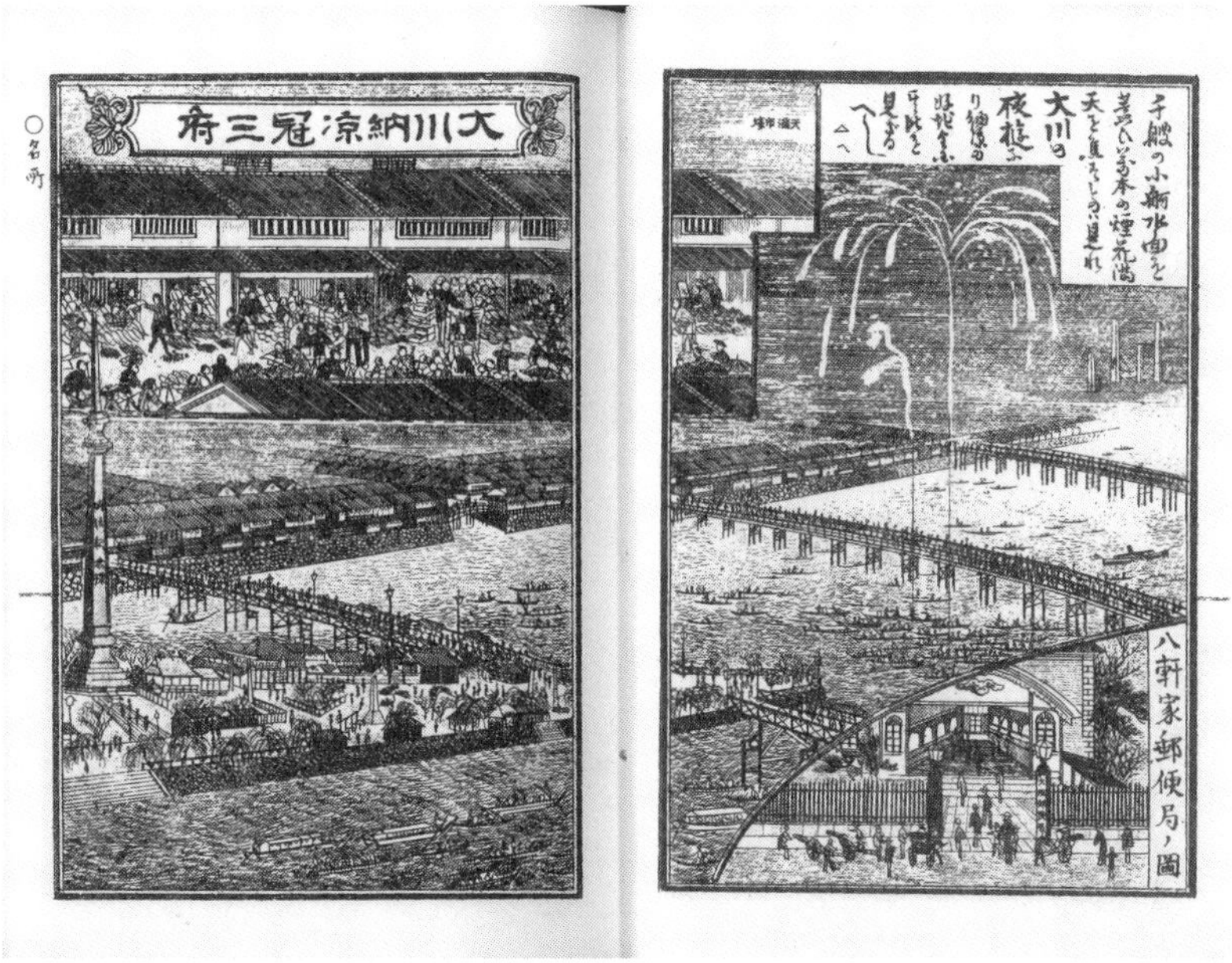

図 序−4 「大川納涼冠三府」（『大阪市中近傍案内』）

八軒家浜は、京都伏見と大坂を結ぶ三十石船、すなわち淀川舟運の起点であると同時に、市内を巡る船への中継地であった。またここから街道が幾筋も伸びる。堺から和歌山へ抜ける道、熊野へと通じる街道、高麗橋から暗《くらがり》峠《とうげ》越えで伊勢に向かう街道など、当時の重要な陸路のほとんどがここで連絡していた。近傍の蟹嶋新地には茶屋街もあり、界隈での納涼の風情は東京や京都に勝ると言われたほどだ（**図序−3〜4**）。

江戸時代、大坂は日本を代表する都市型の観光地でもあった。社寺参詣を目的に旅をした人々を乗せて、瀬戸内の津々浦々を結んでいた舟運を想起して欲しい。日本各地から琴平の金毘羅に出向く金毘羅詣では、すでに文化年間頃には大衆のなかに定着していたという。東日本から金毘羅を目指す場合、主要な街道の結節点である京や大坂がおのずと経由地になる。京で遊んだのちに伏見から船で大坂に出て、さらに大坂で何日か遊んで、風を待ち、船を待って金毘羅に向かう。逆に西日本から、伊勢とか熊野に参詣する人たちを乗せる船は、おのずと大坂に入った。この都で何日か遊んだのち、人々は聖地に向かうのが常であった。帰路も同様である。

当時の旅風俗は上方落語の「兵庫船」や「三十石」、あるいは「東の旅」に描かれている。また金比羅参詣に関わる図会の類、十返舎一九の「金毘羅参詣膝栗毛」なども有名である。淀川と瀬戸内を往還した舟運を確認する時、大坂の地政学的な位置が理解できる。旅人は「浜」と呼ばれる河川港から陸にあがり、水辺に築かれた都市に足を踏み入れた。

五　「旅行代理店」の誕生

各地から大坂を訪問する旅人が増えた。彼らの便宜をはかるべく、文化年間には大坂に大旅館が出現した。たとえば、分銅屋は七二室もの部屋があったと伝える。

宿屋が競合するなかで、新しい旅の仕組みが生まれた。玉造清水町にあった松屋という旅館の手代であった源助が創始したと伝える「浪花組」、のちの「浪花講」である。簡潔にいえば、大坂の大旅館が中心になって東海道方面、大和方面、北国街道沿い、西国街道沿い、あるいは金毘羅参詣の各港の宿などを提携する仕組みである。各方面の街道や港にある旅館を推薦、目印として共通した看板を軒先に出す約束をした。初めての道を行く人も各宿場町で見慣れた目印の宿を選べば、安心な宿だというわけである。

各旅館は、方面ごとに道中記や定宿の名前を記した帳面を製作して上客に配付した。たとえば「大和巡り金毘羅道」と表書きのある帳面は、大和の名所を順番に旅して大坂から金毘羅に船で港々を旅する人に向けて用意されたものだ。開くと宿場町ごとに、どれぐらいの距離があり、どの旅館に泊まるべきかが記されている。裏には「道中安全」の文字がある（**図序—5**）。

この種の帳面と併せて、注意書き、旅の心得などを記した携行用の用心集も配付した。たとえば、五、六人の旅が良いとある。あまり大勢で行くと途中で喧嘩もするだろうということのようだ。またひとり旅の女性を途中で見かけても道連れにするなとある。いずれ何か怖い目に遭うぞと注意する。またほかの国の風俗・方言を笑ってはいけない。道中で謡曲、小唄、浄瑠璃を口ずさむと口論のきっかけとなる。また足にまめができたときの対処法も書かれている。柿の種を黒焼きにして塗る、うどん粉を溶いて塗る、まめに針で木綿糸を通して墨汁を送り込むと痛みがとりあえず抑えられるなどの記載がある、といった具合である。そのほか、空腹で酒を飲むなとか、空腹で風呂に入るな、酔わない用心としてその陸の土を臍に塗ったうえで川の水を飲むべしといったことも記されている。船に酔って吐いたときには水を飲むな、尿を飲めといった記述もある。経験則からくる教訓や実践的な対処法から、まじないのような知恵も掲載されている。

図 序–5　浪花講の帳面（著者蔵）

「浪花講」の宿では、そのほかにも独特のサー

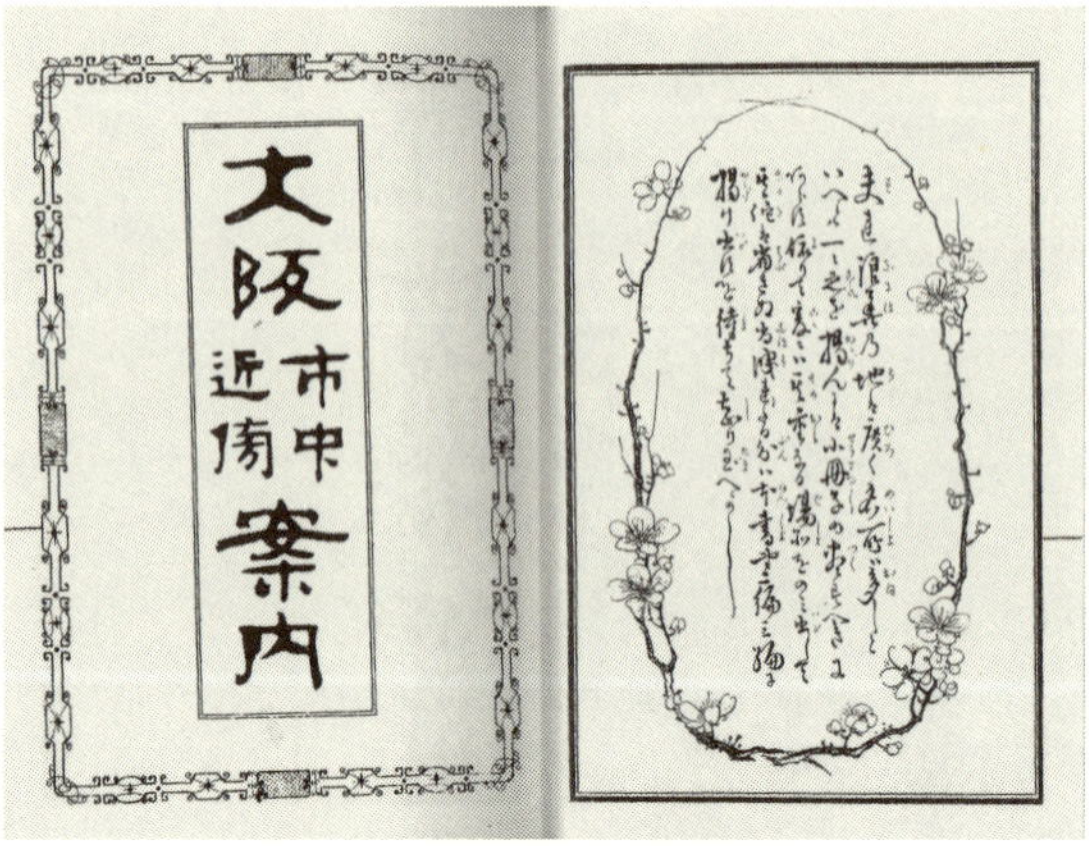

図 序-6 『大阪市中近傍案内』

ビスを用意していた。たとえば各宿場間のあいだで荷物の回送をしてくれたようだ。旅人が移動するより先に荷だけを送ることが可能であった。道頓堀での芝居見物の手配もできた。また大坂土産は何がいいのかという相談にも乗ったようだ。たとえばある事例では、大坂の四ツ橋にある著名な煙管の店を案内したという。また当時、一般人が入ることは叶わなかった大坂城に出入りしている昆布屋の鑑札を使って、城内を見物することも依頼できた例があるという。旅館のネットワークをまとめ、かつ都会での観光案内や諸々の手配などを含めて、総合的に安全な旅を行なうことを支援した。今日における旅行代理店の仕組みを先取りしたかたちである。

　宿屋のありかたも大坂固有の発達をみた。主要な旅館には大川や道頓堀など、川辺に構えているものが少なくない。明治二十年代の都市の様子を伝える『大阪市中近傍案内』に往時の旅館が描かれている。家屋の内部に浜に降りる階段を取りこんでいる様子が判る。館内から階段でそれぞれの宿の地下室に確保された船着き場に降りて、直接、船に乗ることができたようだ（図序―6〜8）。

　なかには川に面して座敷をつくる場合もあった。大川から東横堀へ入っていく西詰の角地、北浜一丁目築地にあった多景色楼などは、名前の通り、川筋に部屋を構え、広がりのある景観を売り物にし

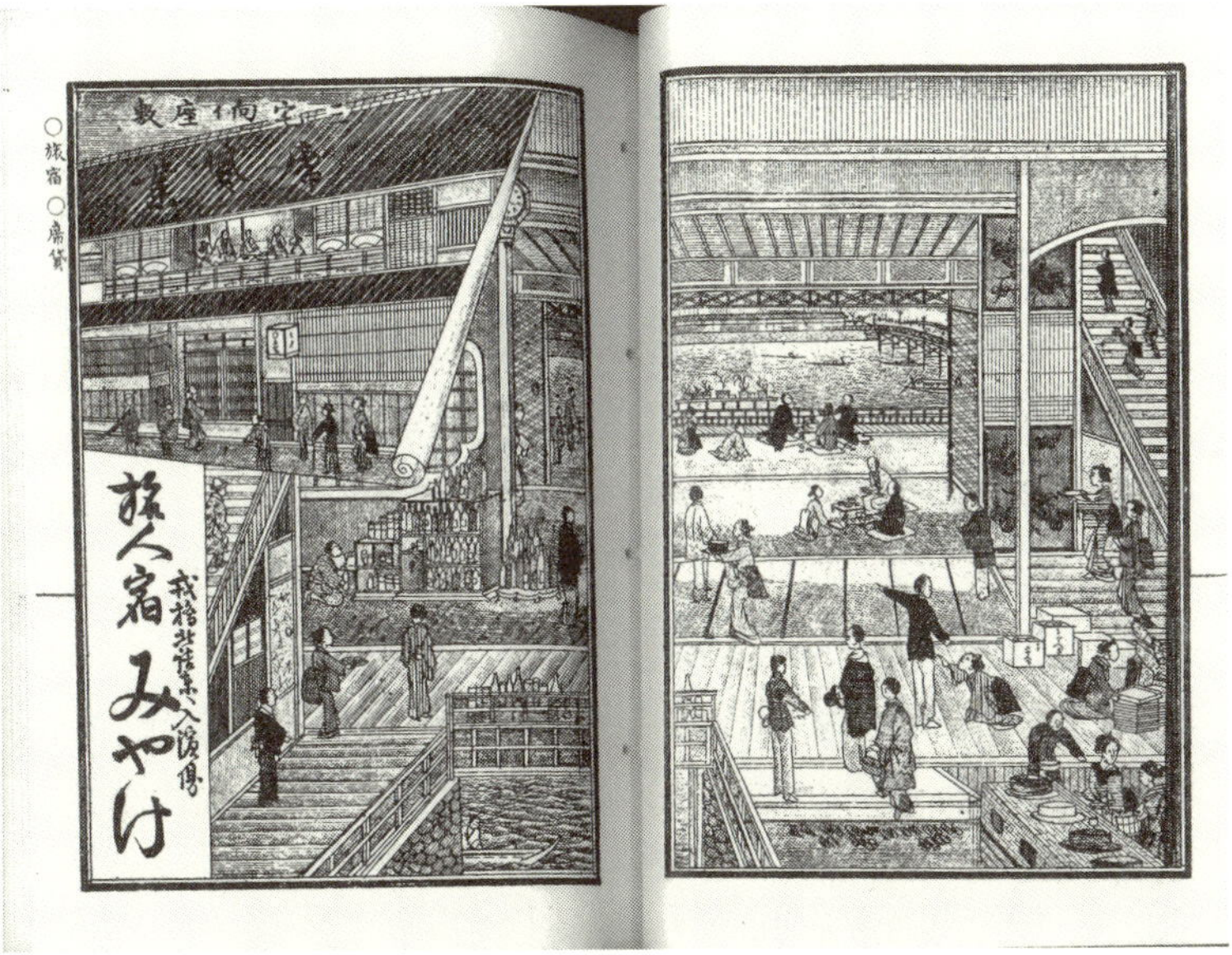

図 序-7 「旅人宿みやけ」（『大阪市中近傍案内』）

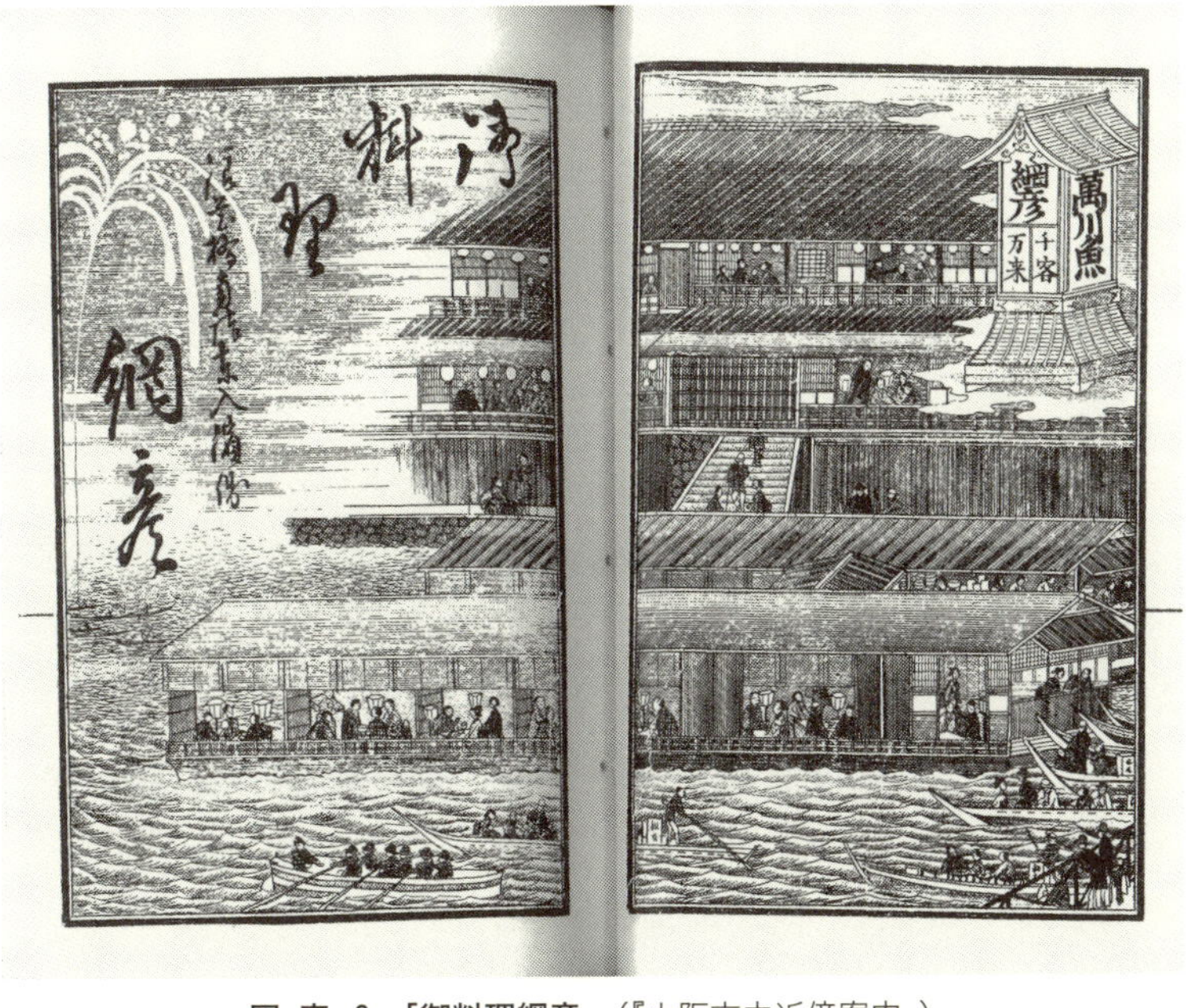

図 序-8 「御料理網彦」（『大阪市中近傍案内』）

ていた（図序―9）。

六　都市という「浜」

かつて大阪には、都心のいたるところに「浜」があった。自由に水辺に降り立ち、時に舟に乗降でき、また荷を積み降ろすことができる線形の公共空間である、いわば川筋のいたるところに港があったと考えればわかりやすい。水路に面した市街地の全体が、港の機能を担っていたのだ。

しかしそこに接して土地を持つ者、たとえば料亭や旅館のなかには、「浜」を建築化して取り込み、私的な空間として囲い込む例もでてくる。誰にも開かれた水と陸との接点を、あからさまに管理し所有する者が登場することで、線形であった双方の境界はしばしば分断され、機能の分担が厳格に示されることになる。固有の「浜」へと分節することによって、港の機能は多様性を内包する都市の構成要素に配分されたのだ。

大阪市街地の随所にあった「浜」は分節化されることで、都市の機能を担う空間として飲みこまれてゆく。一部は船着き場などとして残るが、陸と水の境界線を明確にし、また所有権をあきらかにすることが必要となった。公共的な河川空間と建物で占拠される民地との境界は、治水を目的とする堤防によって線形に区切られた。戦後、埋め立てられ道路に転じた川筋では、矩形の街区割に「浜」の名残をかろうじて見て取ることができる程度だ。

しかし大阪の市街地全体が「港」であったという記憶を、容易に消し去ることはできない。私たちは船着き場のある界隈を、「みなと」と呼びならわす。「水門」「水戸」などの文字を当てれば、文字

図 序 -9　**天神橋の風景**（絵葉書「大阪築地多景色楼より眺望」。著者蔵）

図 序 -10　**絵葉書「（水都の大阪）将に分流せんとする淀川の下流」**（著者蔵）

通り、単なる水辺のゲートウェイという意味合いになる。しかし「みなと」に、さんずいに「巷」と書く、「港」という文字を当てると別の意味が湧き立つ。水辺の巷所、すなわち水際に成立したにぎやかな交易や交流の界隈という意味になる。

大阪は都市そのものが「港」であった。土地固有の表現に置き換えるならば、大阪そのものが巨大な「浜」の集積であったと言っても良いかもしれない。川筋の舟運を通じて、国内各所と結び、海を媒介として西日本、さらには海外と連絡する。大阪は、内と外との境界、海と川との境界、陸と水との境界の地に成立した気宇壮大な「浜」であり、「水の都市」である。

私たちの「水の都市」の物語を語り直そう。

第Ⅰ部　「水の都市」大阪の誕生

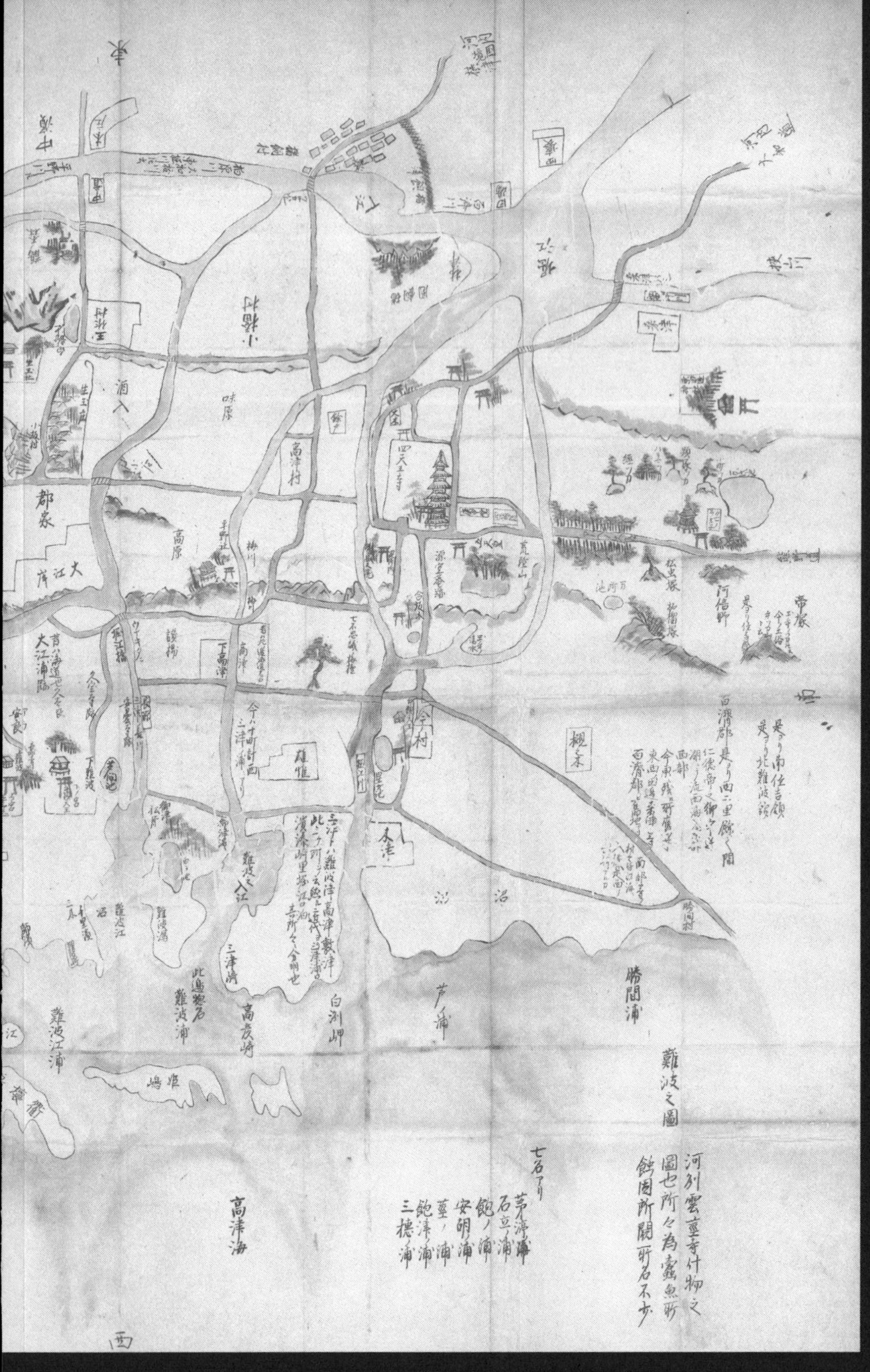

難波之圖
河列雲童寺什物之
圖也所々為蠹魚所
蝕周所闕所不少
七名アリ
葦浦
石立浦
飽ノ浦
安明浦
葦ノ浦
飽津浦
三穂浦
高津海
勝間浦
芦ノ浦
白洲岬
難波浦
難波江浦
大江
郡家
高津村
四天王寺
荒陵山
今村
木津
帝塚
西

1

島——汽水の都

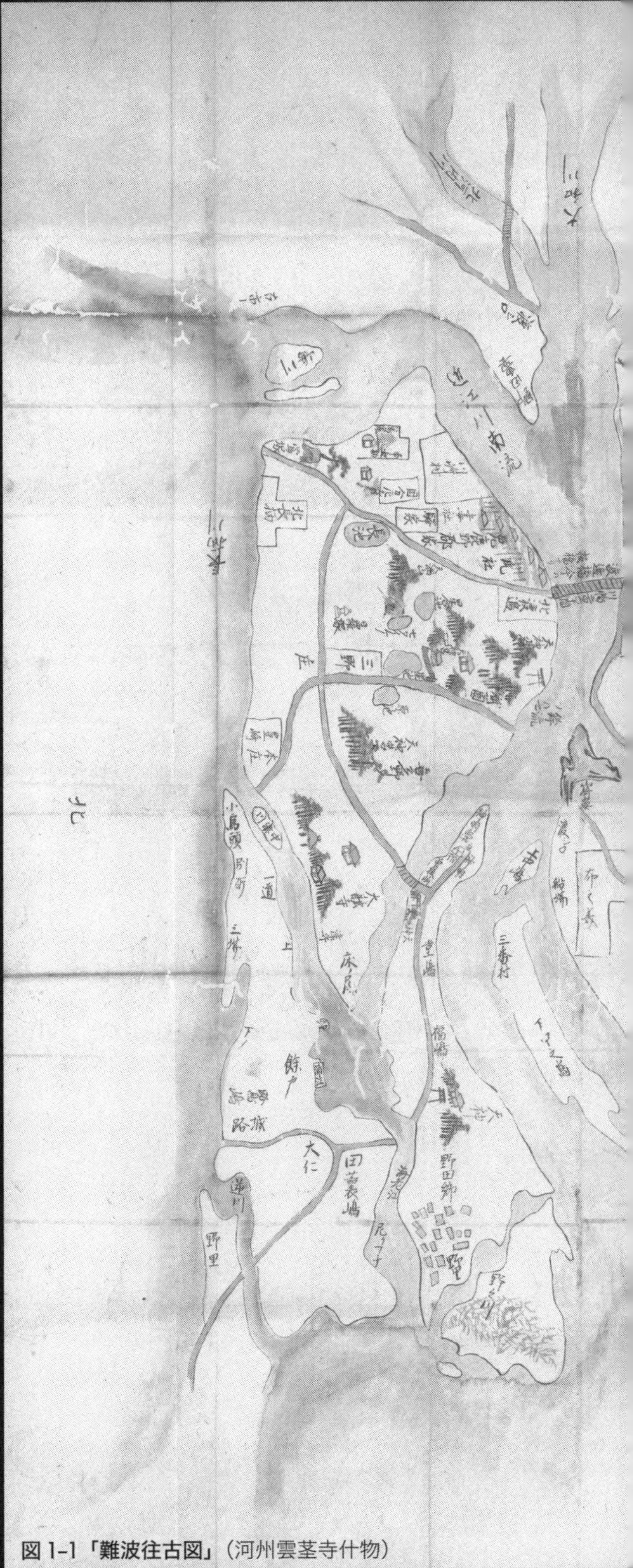

図 1-1「難波往古図」（河州雲茎寺什物）

一　汽水の都

「汽水（Brackish water）」とは淡水と海水が混在する状態をいう。一般には川が海に流入する河口や、深く入り組んだ湾、干潟などを「汽水域」と呼ぶ。表面は上流から注ぐ川の水、底に近いところは潮が押し上げてくる海水というように、はっきりとした層をなしている。干満によってその境目が上下するため、汽水域には、塩分濃度の変化に耐性のある独特の植物や生物が棲息する。たとえば湿地に群生する葦などの被子植物、あるいは亜熱帯や熱帯の海辺に繁茂するマングローブなどを例示することができる。

大阪の都心を流れる水路も「汽水域」にある。中之島界隈の水面を観察すると、時々刻々、変化している。潮が満ちる時には、波が下流から上流にと押し上げている。往来する船も、日々の潮位を気にしながら運行している。水位が高い際には、くぐることができなくなるほど、川面と近くなる橋があるからだ。考えてみれば、大阪という都市は、川筋を下ってきたものと、海から遡上してきたものが入り混じることで成立した、いわば「汽水都市」と言って良いのではないか。

たとえば都市を支える経済がそうだろう。瀬戸内から大陸につながる海運と、淀川や大和川を動脈とする舟運との結節点にあって、古代の難波津は発展をみた。近世にあっては、諸国の蔵屋敷がならび、各地の物資が集散する「天下の台所」となった。以後、今日に至るまで、大阪は「母なる川」である淀川の恩恵を受けつつ、世界と海で結ばれる港湾都市という二面性を持つ。

万葉学者である中西進がすでに指摘しているように、この都市が育む文化も同様の傾向を持つ。中西は、かつて日本のことを「豊葦原の瑞穂の国」と称した点に着目した。豊かな葦の原に、稲穂が瑞々しく実っている場所という意味合いだ。言うまでもなく、葦は主に河川の下流域から汽水域、あるいは干潟の陸側、水流の少ない場所に生育する。多数の茎を水中に伸ばし、群生することで泥がたまりやすい浅瀬が生じる。そこにさまざまな生き物が暮らすようになる。縄文人たちが暮らすこの地に水稲技術を持った弥生人が入ってきた際、汽水域で耕作を始め、双方の生活様式が共存した時期があることを指摘する。

大阪は、まさにそのような場所に成立した都市である。川の文化と海の文化が適度に混じり合いつつ、双方がもたらす変化への耐性を持ちながら、さらに双方の個性を継承しながら、独自の都市文化を創発してきた。大阪における文化の混合性、開放的な市民気質はそもそもの地勢にも遠く由来するのではないか。

二　陸と海の境

本渡章が指摘しているように、摂河泉、すなわち摂津・河内・和泉という大阪にある旧国名はすべてが「水」にちなんでいる（「水都をめぐる風景の変遷」『大阪の教科書』創元社、二〇〇九）。摂津は「津」、すなわち「港」を治めるという意味合いがある。河内は、かつて都があった大和の国からみて淀川筋の内側を表す。対して和泉は、当地から湧きでる清水に基づく。

大阪の平野の歴史は、真水と海水の境界が変遷した経緯といって良い。はるか縄文時代には海岸線が内陸地域にまで進展、河内地域全体が枚方あたりを最も奥とする深く入り組んだ湾をかたちづくった。この湾と大阪湾を区切り、半島のごとく突出するかたちで砂嘴が発達する。今日、上町《うえまち》台地と呼ばれる地形だ。

上町台地という砂州が形成されたことで、河内湾から瀬戸内海へと至る水路の出口が狭まった。結果、弥生時代には湾は海から完全に分断され、かつての河内湾は淡水の河内湖となった。さらに琵琶湖を源とする淀川と、奈良盆地に降った雨を統べるようにして西に流れを得た大和川という二つの川筋が運んだ堆積物が、徐々にこの湖を潟に転じさせた。

汽水域に浮かぶように都市を築くまでには、古代から継続された治水の営為があった。人々は、暴れる水をいかに治めるのかに労をかけざるを得なかった。四世紀から五世紀にあって存在したという草香江《くさかえ》は、いにしえの河内湾、あるいは河内湖の名残の内水である。この低地に水が溜まることが、しばしば洪水の原因になったらしい。上町台地に宮を置いた仁徳帝は、難波の堀江と呼ばれる排水路を築いて、この水を抜いたと伝えられている。

さらに仁徳天皇は秦氏に命じて、わが国最古の堤防である茨田堤《まんだのつつみ》を設けた。「まんだ」とは北河内地域付近の古称である。工事にあたって仁徳帝は、川の神である「川伯」から「武蔵の強頸《こわくび》」と「茨田の杉子《ころもこ》」の二人を人柱にせよという神託を授かった。強頸は命を差し出したが、杉子は最期の願いを申し出る。二個のひさご、すなわち瓢箪を淀川に流したいというのだ。もし自身を人柱とすることが真の神の言葉であるならば、瓢箪は沈んだまま水面から見えなくなるだろう。しかし偽りの神であれば、浮かんだままのはずだ。その場合は、人柱にしないで欲しいと乞い願った。許しを得た杉子が、強い風雨のなかで流した瓢箪は浮かんだまま流れ去った。結果、彼は命を救われることになったという。

いっぽうで利水、さらには田に滞る悪水を排出する作業も重要であった。灌漑用水の確保に困窮する河内では、七世紀前半に農耕用の水源とするべく、大和朝廷が狭山の地で川をせき止める。日本では最古のダム式の溜め池である狭山池だ。下流には用水路を新たに開削、平均的に水を確保することができるように計画した。

『日本書紀』崇神天皇六十二年七月二日の条には「農は天下の大本なり。……今、河内の狭山の植田水少なし。是を以て其の国の百姓、農のことを怠る。其れ多に池溝を開きて民業を寛かにせよ」とある。八世紀には行基が、十三世紀には重源が、十七世紀には豊臣秀頼の命を受けた片桐且元が狭山池の大改修を手がけている。年数を重ね、各時代の技術を重ねることで、土木構築物はようやく長く機能し続ける。歴史に名を遺す先人たちが手を入れる程に重要な施設であったわけだ。

もっとも河内の農民たちの悲願は、大和川の付け替えであった。石川と大和川が出会う地点から流路を西に向け、上町台地を削りぬいて、堺から海に落とす。庄屋であった中九兵衛が命を賭けて陳情したが叶わない。ようやく宝永年間になって、息子の甚兵衛が竣工をさせている。

三　汽水に都市を浮かべる

海か陸か、その属性すら変動する、これほどまでにおぼつかない汽水域の平地の、しかももっとも海に近い位置に、先人は都市を築こうとした。大阪の通称である「なにわ」という地名の語源には諸説がある。魚の多い海、すなわち「魚庭」から転じたという解説もある。ただ『日本書紀』には「奔き潮有りて太だ急なるに会う。因りて以って、名づけて浪速国と為す。亦た浪花と曰ふ。今難波と謂ふは訛れるなり」とある。潮の奔流が呼称の起源というわけだ。

いっぽうで「八十島《やそしま》」という通り名もある。後世になって中世以前の大阪を描いたといわれる「難波往古図」（**図1―1**）では、南北に伸びる砂洲である上町台地の起伏すらないかのように、いくつかの島や洲が集成したさまで大坂が描かれている。大河が大海に注ぐ際にかたちづくられるデルタのように、整った地勢ではない。海と川とがせめぎあう汽水域にあって、上流から運ばれた大量の土砂が留まる場所を求め、同時に氾濫と大水が発生するたびに、逃げ場を求めた濁流が新たな流路を切り開く。海がおのずと陸に変わりつつある位相を示しているのだが、海水と真水、土と砂が居場所を求めて争うなかで、水と陸との境界は流動的であり曖昧なままだ。都市の起源を語る都市図に託されたイメージ、その様相は、確かに「八十島」と形容することがふさわしい。

淀川の河口にできあがったこのおぼつかない島々を基礎に、排水の溝や水路を抜き、工事によって排出された土を高く積んで、市街地の用地が建設されてゆく。堀江川が開通したのち、元禄年間に描かれた絵図を見ると、掘り割りが街区のかたちを整序している様子が見える。船場、島之内など、ほぼ矩形に整形された街区と、堀江のように短冊形に整えられた地域がある。もっともいかに幾何学的な形状に変成したとしても、かつて海、ないしは湿地であったという土地の来歴を考えれば、それが陸続きの大地だとはとても思えない。その実態は人工島と呼ぶにふさわしい。陸であることはあくまでも仮象である。

対して市街地の外縁を見ると、堂島、中之島、九条島、勘助島などの島がある。とりわけ海に注ぐ河口にあって、あたかも流れに耐えるかのように、ならぶ島々は、おのずと自生した植物によって縁取られているかのような描法である。人の手が入ること、海を都市に変えようとする私たちの意思を

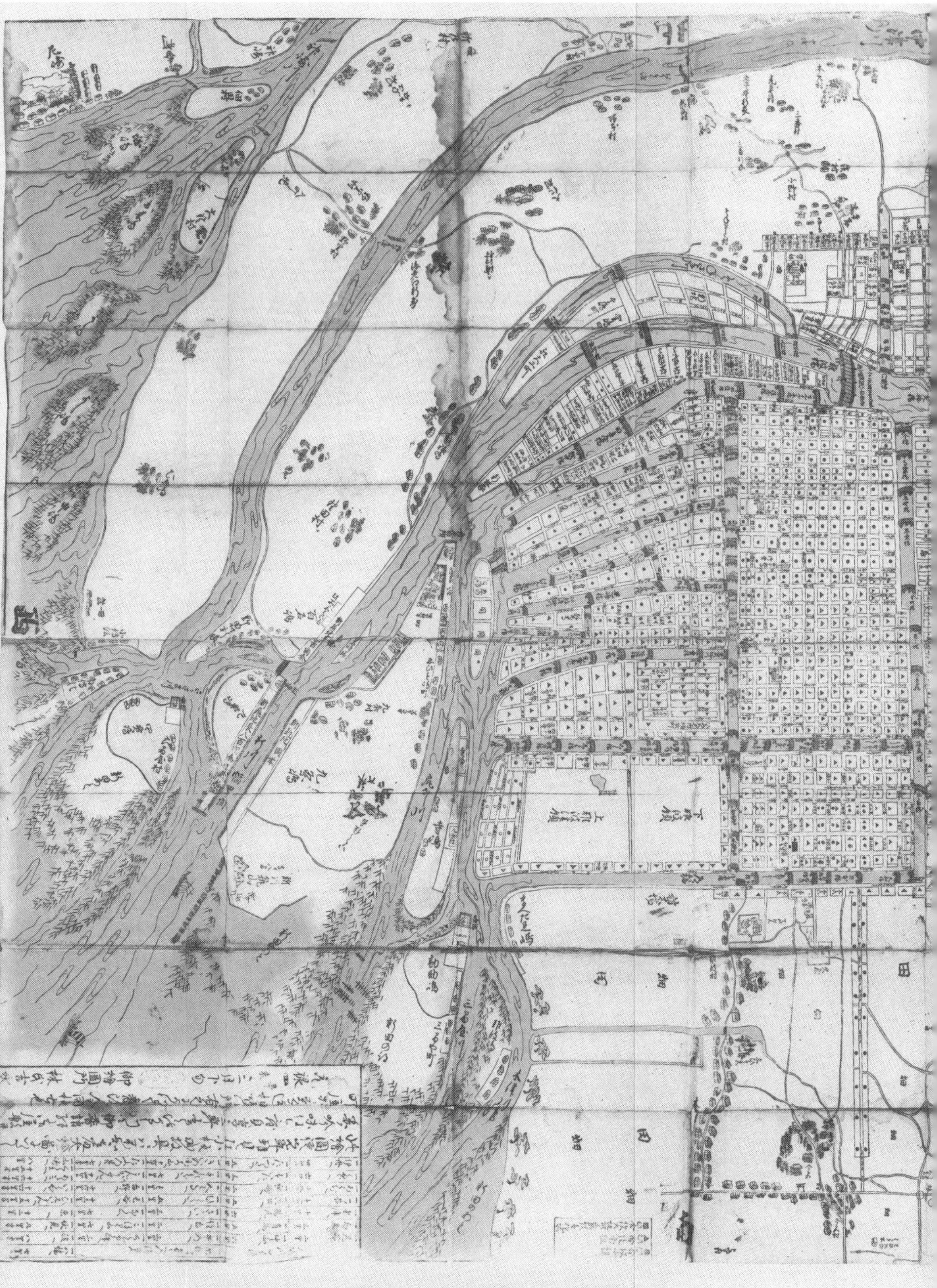

図 1-2 「新撰増補大坂大絵図」（元禄 4〔1691〕年）

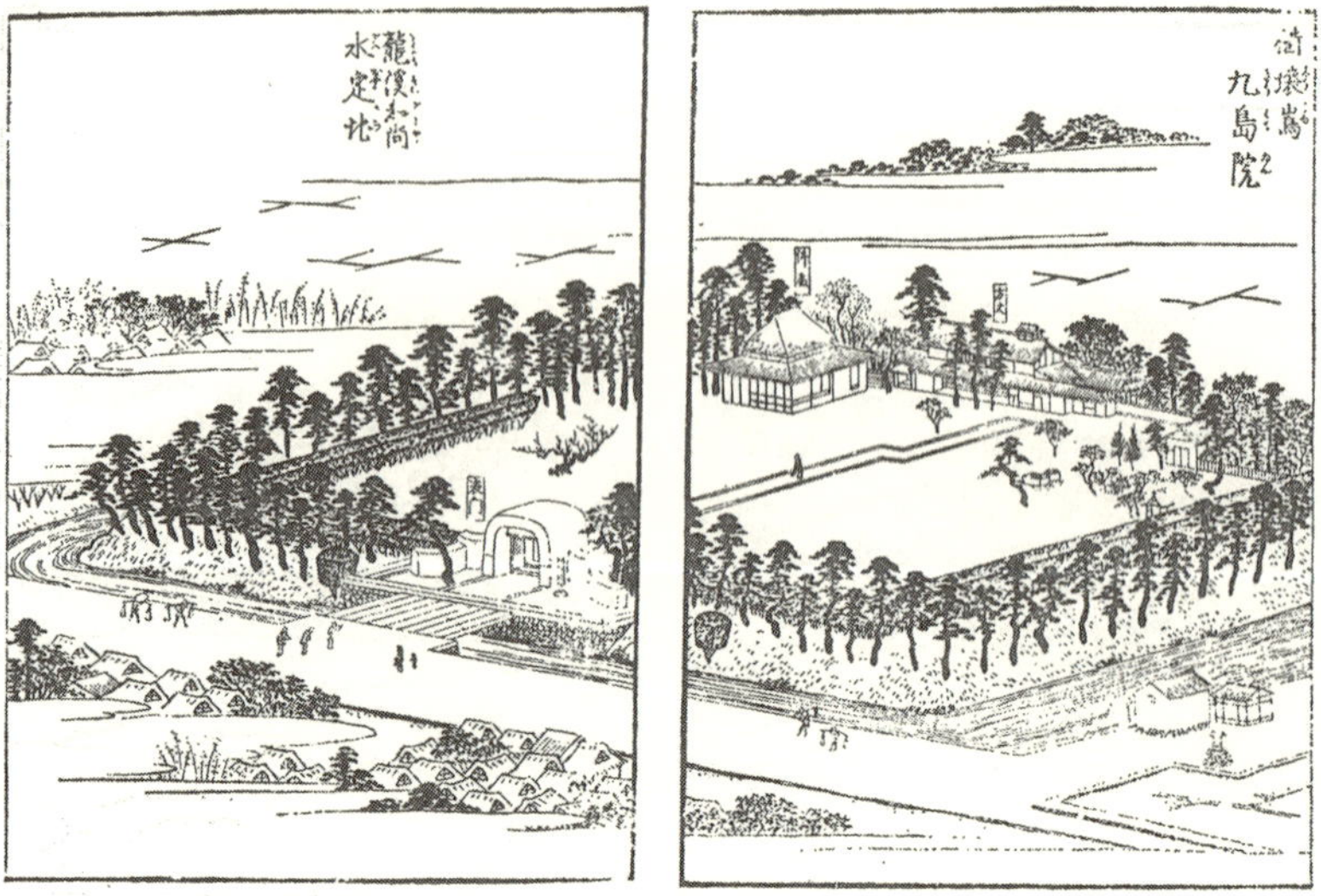

図1–3 「衢壌島九島院」「竜渓和尚水定地」（『摂津名所図会』）

拒んでいるように、絵師は感じたのではないか（**図1―2**）。

その後、都市が繁栄をみるなかで、海と川の交わる汽水域に由来するさまざまな文物や出来事が、具体的な土地の継承として、また土地の記憶として、さらには地名として伝えられた。「水都をめぐる風景の変遷」（『大阪の教科書』創元社、二〇〇九）にあって本渡章は、京都の町人である吉野屋為八が企図、寛政八（一七九六）年から刊行された『摂津名所図会』に託された土地の情報を例示する。俳諧師秋里籬島が編集、竹原春朝斎が挿画を手がけた九巻一二冊からなるこの通俗的な地誌を分析すると、川・浦・江・岸・泉・池・渡・浜・海・潮・磯・洲・潟・灘・滝・河原・津・河口・井戸・水門・清水・橋・島など、水にまつわる地名が二百以上も見いだされることを指摘したうえで、「水のイメージの豊かさを物語る」ものと評価する（**図1―3**）。

陸に転じた市街地の随所に、川筋や池、泉などに真水に関わる地名、磯や浜、岸や潮など、海にちなむ地名が点在していた。『摂津名所図会』に描かれたかつての風情は、海が都市に、川が都市に遷り変わる、変成の結果、そこにとどめられたものにほかならない。

四　島に集う神々

汽水に漂う都市である大阪に、固有の儀礼や信仰がある。ふるくは天皇の即位礼の翌年に行なわれた皇位継承儀礼である八十島祭などを指摘することが可能だろう。浪速の地にある大小多数の島々を、大八洲すなわち国土全体に見立てつつ、島の霊を招き寄せて、全体の主である新たな帝を祝福したものという。平安時代から鎌倉中期まで、継続されたようだ。仁徳天皇の「おしてるや　難波の崎よ出で立ちて　我が国見れば　淡島《あはしま》　自凝島《おのころじま》　檳榔《あぢまさ》の　島も見ゆ　放《さけ》つ島見ゆ」という歌も、国土を浪速の島々に重ねあわせて眺めるものだ。

実際、いくつかの島には、八十島にゆかりの神があり、社を設ける例もあったようだ。曾根崎の地にあって、後世に心中の物語の舞台となった露天神もそのひとつである。上古、八十島のひとつであった曾根洲に「住吉須牟地曾根ノ神」を祀ったのが起源である。昌泰四（九〇一）年、筑紫の国へと流される途上にあった菅原道真が太融寺に参詣した際、「露と散る涙に袖は朽ちにけり　都のことを思い出ずれば」と詠んだ。この故事にちなみ、露天神社の名が生じた。

堂島などは、名称が定まるよりも先に信仰の場があった。地名そのものが、「御堂がある島」という意味合いという説がある。その御堂が、位置を変えつつ今日に継承されている堂島薬師堂である。

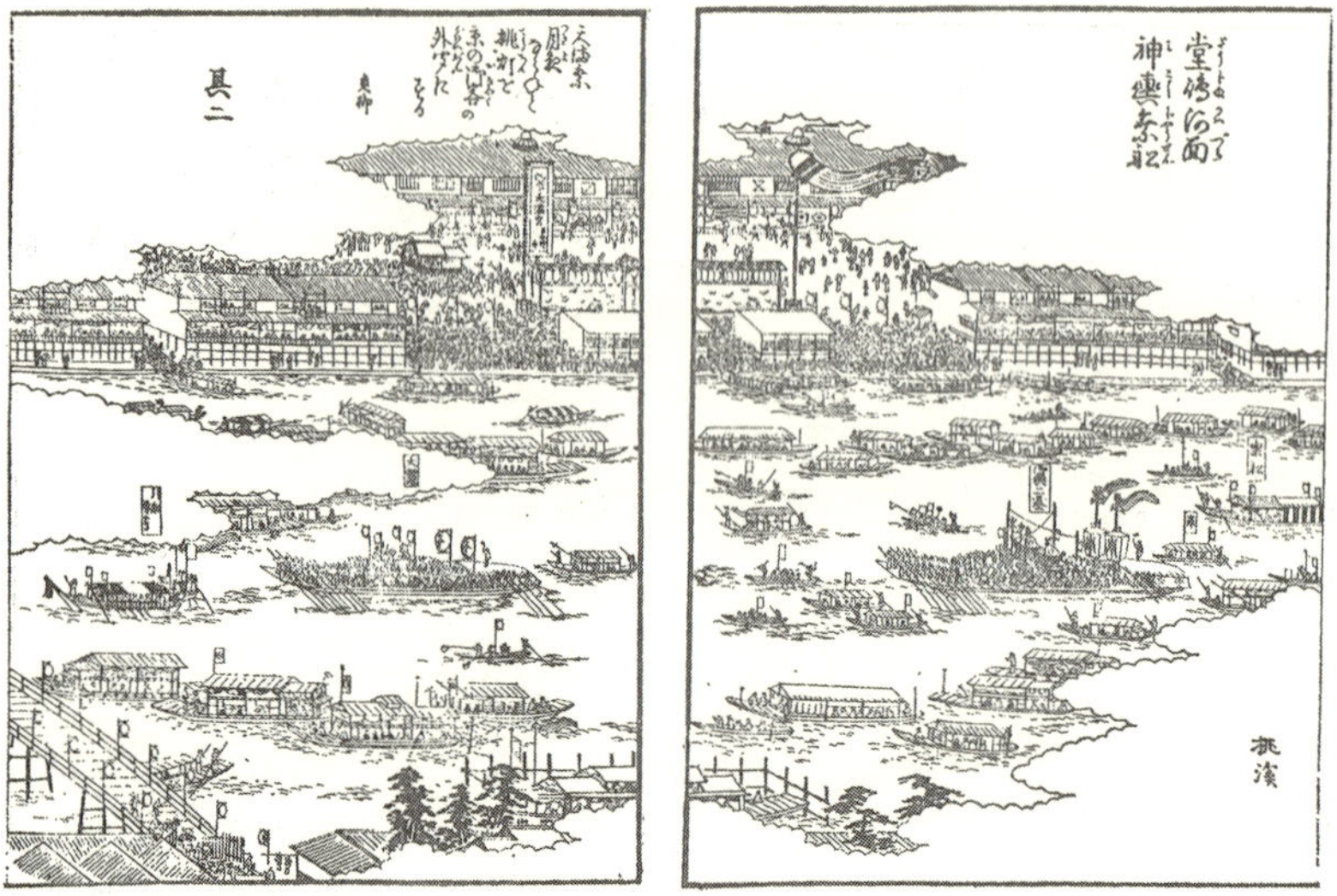

図 1-4　「堂島河面　神輿乗船」（『摂津名所図会』）

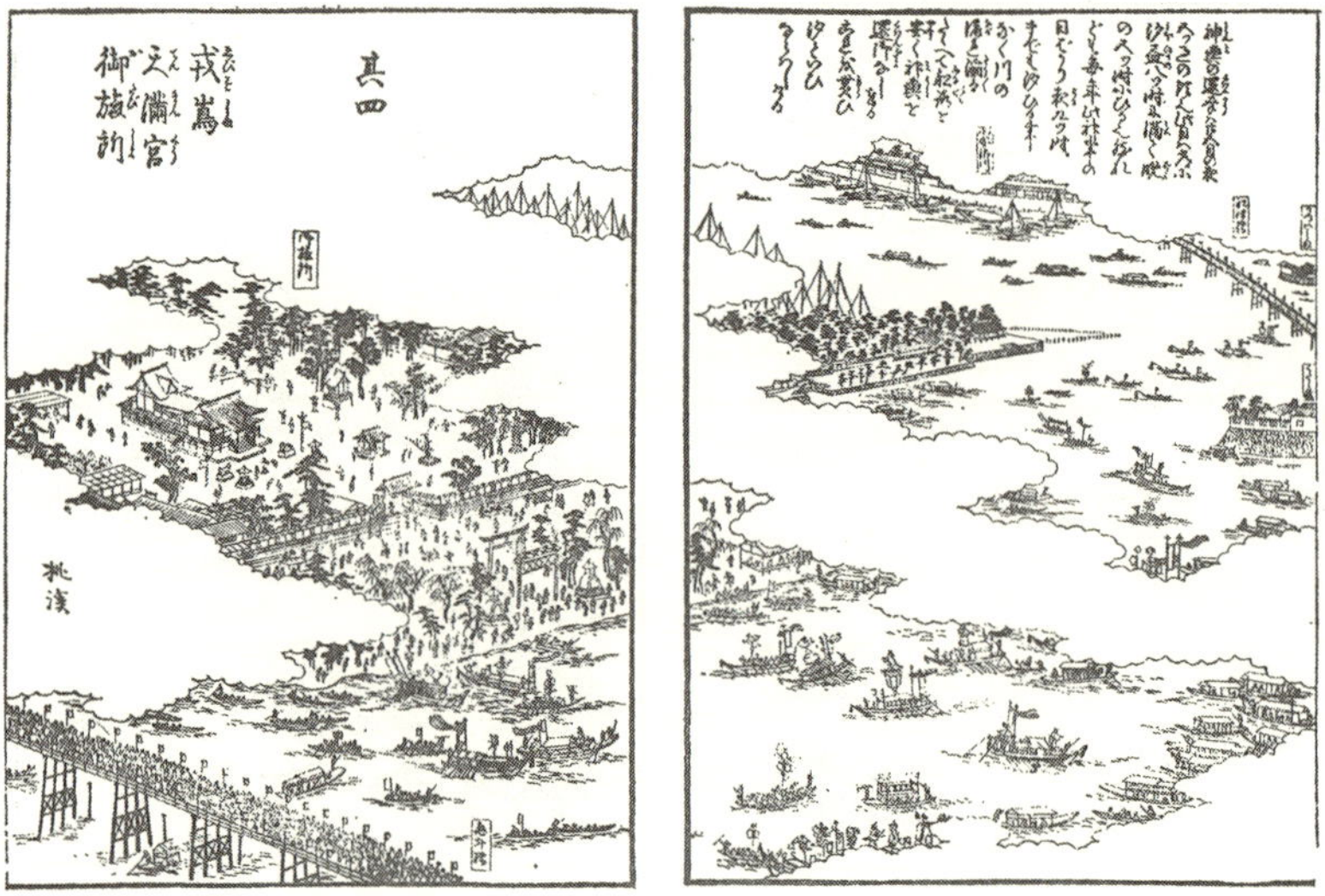

図 1-5　「戎島　天満宮御旅所」（『摂津名所図会』）

その由緒は推古天皇の御代にまでさかのぼる。延宝三（一六七五）年の『芦分船』に「聖徳太子が四天王寺創建時に建築用材の運搬船が暴風雨で難破、洲の中に流れつきお堂を建てた」といった趣旨の記述がある。長い歴史を持っているこの堂に、かつては井戸があって清水が湧き出していた。人々は水を汲みあげ、身体を浄めたという。海に近い島にあって、貴重な真水を確保できる場所が聖地として確保されたのだろう。

八十島の地が都市に転じたのちも、市民が祀った神は水と関わり合いがある。今日の大阪が、川筋を祭礼の場とする天満天神と、海神である住吉神の双方を都市神としている点に、汽水域における都市の性向を端的に見ることができる。天満宮の神事としてあまりにも著名な天神祭は、川を舞台として船が列をなす。大阪に天満宮が鎮座して二年後の天暦五（九五一）年六月一日に行なわれたのが最初だとされている。川岸から神鉾を水面に流し、漂着した場所に祭場を設けて禊払いを行った。この先例に倣い鉾流神事が定着、御旅所までを船で奉迎する祭礼を船渡御と呼ぶようになった（図1―4〜5）。

対して住吉祭では、その最大の行事として神輿洗神事が行われる。熊野から流れてきた聖なる潮で、神輿を洗うものだ。双方の神を信仰する人々が住まう領域の境界が、まさに陸と海との境となるわけだ。

図 2-1　安治川の川ざらえと砂餅

2 山——江戸の「公共事業」

一　ふたつの山

『浪花百景』と題された多色刷りの錦絵がある。文字通り、大坂の市街地や郊外にある名所から百か所を選定し、その風物を画面に残す浮世絵集である。なかでももっとも有名なものは、江戸時代末期の安政年間（一八五四—六〇）、歌川国員、歌川芳瀧、歌川芳雪という大坂の絵師たちが合作して、北浜の石和という版元から出版されたものだ。近景と遠景を組み合わせて、往時の都市景観を奥行きのある構図に描いていて面白い。

川筋や海辺を描いた絵図も多いのだが、なかでも異色なのが海に近い場所にありながらも、「山」と呼ばれる地形を描いたものだ。ひとつは芳雪の描いた「下安治川随見山」である。貞享元（一六八四）年、河村瑞賢たちが尽力して、大坂の城下町と海とを結ぶ運河である安治川を開削した際、工事ででた土砂を積み上げた小山である。功績者の名をとって、瑞賢山ないしは随見山と呼ばれた。「波除山」という異称もあるが、高潮や津波を防ぐ役割を果たしたのだろうか。低湿地がひろがる安治川筋にあって、うず高く盛り土がなされた地所に松が繁る風情は、船上からもよく見晴らせたらしく、しばしば画題にとりあげられた（**図2—2**）。

もう一点が、これも芳雪が描いた「天保山」である。もっとも近景にある組み上げられた木柱は、安治川筋に幾本も建立されて、行きかう船に航路の位置を教えた澪標《みおつくし》である。その意匠は今も市章として用いられ、大阪のシンボルマークとなっている（**図2—3**）。いっぽう遠くには生駒

図 2-3　大阪市市章

の山並み、中景に大坂城と城下町、近景に頂きが平坦になった緑の丘らしきものが描かれている。後述するように天保年間、浚渫工事によって盛り土がなされた人造の小山である。安治川筋に入る船の目標となったことから、目印山、あるいは目標山の名もある（図2―4）。

海辺にあえて山を築き、防災や船の安全運行の標としようとする発想と実践が、江戸時代の大坂にあった。自然の地形を、人の手で改めようとする意志を強く感じざるを得ない。

図 2-2　「下安治川随見山」（『浪花百景』より。芳雪画。大阪城天守閣蔵）

図 2-4　「天保山」（『浪花百景』より。芳雪画。大阪城天守閣蔵）

二　川ざらえというイベント

淀川の河口にひらけた大坂では、上流から運ばれてくる土砂が堆積し、川や港の水深が毎年浅くなってゆく。諸国から集まる廻船が航行するうえで障害になる。天下の台所と呼ばれた経済都市にしてみれば、水路が使えなくなる状況は一大事である。加えて、大雨が降った際に洪水を引き起こす遠因でもある。問題を解決するべく、大坂では、安永五（一七七六）年以降、しばしば河川の浚渫工事がおこなわれた。幕府は冥加金を町人に課して、その費用に充てた。

なかでも天保二―三（一八三一―三二）年にかけておこなわれた川ざらえは、おおがかりなものであり、「御救大浚」と呼ばれた。当時、川の堆積がすすみ、尼崎などに投錨する廻船もでていたらしく、大坂を拠点にあきないを営む有力町人たちのあいだには強い危機感があった。彼らは幕府に懇願、銀六百貫目の支出をとりつけた。同時に鴻池屋善右衛門・加島屋久右衛門の一三〇〇両を筆頭に、表長屋の住人の百文、裏長屋の住人の五〇文など、大商人から借家人にいたるまで、それぞれの家格に応じた上納金を幕府に供出している。これらすべての資金を寄せ集めると、総額二三〇〇貫を超える巨額になった。まさに官民あげての大プロジェクトである。

浚渫は淀川・中津川・神崎川を対象とするようにと指示がでていたが、まず安治川口から工事がすすめられた。町奉行所は川口の二か所に仮役所を設置した。工事には五百艘もの船が駆りだされ、浚渫船百艘を一組とし五つの組に分けて、各組ごとに担当の与力・同心を決めて指揮にあたらせた。また各町も人足をだして工事に協力した。幕府は各町一〇人と定めたが、多いところでは二、三百人の人足を出す町があったという。

いざ工事が始まると、これがたいへんな騒ぎとなった。各町から派遣された手伝い人足たちは、そろいのはんてん・ももひき・脚袢を身にまとい、思い思いに花笠をかぶって船に乗りこんだ。各町が衣裳の豪華さを競いあったというからおもしろい。とくに目立ったのが伏見町の唐物屋仲間である。このチームは全員が唐人衣裳であった。代表者は珊瑚やガラス細工で装飾を施したラシャの衣裳を身にまとった。現場にはいっても、おつきの童子に遠眼鏡をもたせ、自分は長いキセルで煙草をくゆらして唐人になりきった風情である。とても工事を指揮する雰囲気ではない。さすがに町奉行の怒りを買い、この町の人足たちは現場から追いかえされた。

派手なのはユニフォームだけではない。船も飾りたてられた。北組・南組・天満組など所属する町組をあきらかにするために用意された町組の旗さしもののほか、「大浚御加勢人足何町」「何仲間」などと色あざやかに染め抜かれたノボリ、四、五間も尾をたなびかせる五色の吹きながしが何本も押したてられた。ついには船に乗りこむ行き帰りだけではなく、手伝い出勤の二、三日前から本業の仕事をさぼって、足ぞろえと称して集団で市中を練り歩く始末である。もちろん派手な衣装を身にまとい、鉦や太鼓ではやしながら踊り狂うわけだ。大坂という都市をあげての大土木工事ではあったが、ここまでくると祭と呼ぶべき光景である。当時の様子を暁鐘成が『大坂川口大さらへ　繁栄たから船』という刷り物に描いている（図2—1）。

鉦や太鼓を打ち鳴らしながら五百艘もの浚渫船が、にぎやかに川筋を上下したというから華やかなことこのうえない。工事の具合をひとめみようと、見物人が大挙して安治川口に押し寄せた。船からがいちばん眺めが良いということで、見物船も大量に出た。派手好きな人足を大量に載せた浚渫船と、物好きな弥次馬を満載した見物船で、川口は船による合戦場のような有様であったという。

三　蓬莱山の物語

このとき浚渫された大量の土砂は、道路や低地の整地などで必要とするところがあれば無料で下付することとした。そのほかは、すべて八幡屋新田の地先の低湿地に投棄することとなった。ただあまりにも量が多かったため、単なる埋めたてに終わらず、高さ一〇間、周囲千間あまりの山が築かれることになる。

夜に運航する船舶の目印となるべく、山の高見には高燈籠が設置された。そのためはじめこの山は目標山と名づけられたが、「天保の大さらい」を記念して、いつしか天保山と呼ばれるようになった。標高わずか一〇間の高見であったが、視界をさえぎるもののない当時の海辺にあっては、ランドマークとなるとともに、眺望台としても充分な高さであった。この人造の山は、川ざらえの途中にあって、すでにその様子を眺める絶好の眺望所を提供したようだ。

工事終了ののち、この人造の山には松と桜が植えられて、大坂の庶民の行楽の地となる。松の緑、弥生の桜、夕涼み、雪景色など、季節に応じた遊山をおこなう名所となった。その様子が、暁鐘成の手による『天保山名所図会』に描かれている。上下二巻からなる名所案内の書物で、上巻では川ざらえの模様を述べつつ、周の文王の霊台の故事をひいて、天保山ができるに至った仁恵を讃えている。対して下巻では山のなかの勝景を紹介するという構成だ。

海との境界に築かれた天保山へゆくためには、水路に架けられたいくつかの橋を渡る必要があった（図2―5）。それぞれの橋は、巨大工事の成功を記念するとともに、この事業が後世に語り継がれることを願ってか、末広橋・万年橋・亀甲橋・栄橋といっためでたい名称がつけられている。たとえば万年橋の図には「並木の桜咲き匂ふ頃は遠近の遊客ここに打ちむれ、酒宴を催し、詩歌連俳に風流を楽しみ、糸竹のしらべにうかれ、春の遅日を戯ぶれ暮らして、武庫山に紅日の没するをしめり」とある（図2―6〜8）。

図 2-5　「浪速天保山全図」（『天保山名所図会』より。以下、図 2-12 まで同じ）

図 2-6　めでたい名称の橋の数々「万年橋」

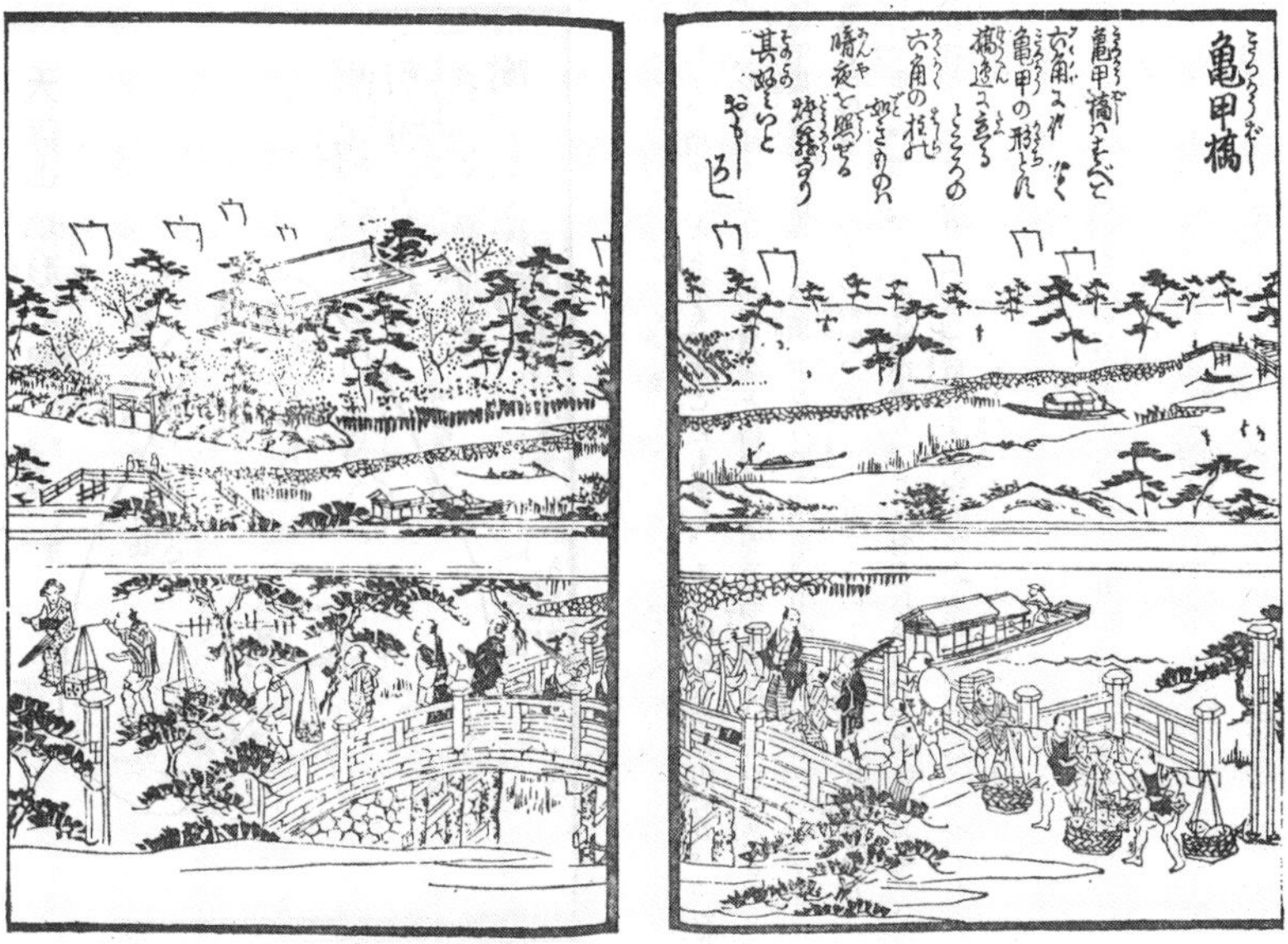

図 2-7　めでたい名称の橋の数々「亀甲橋」

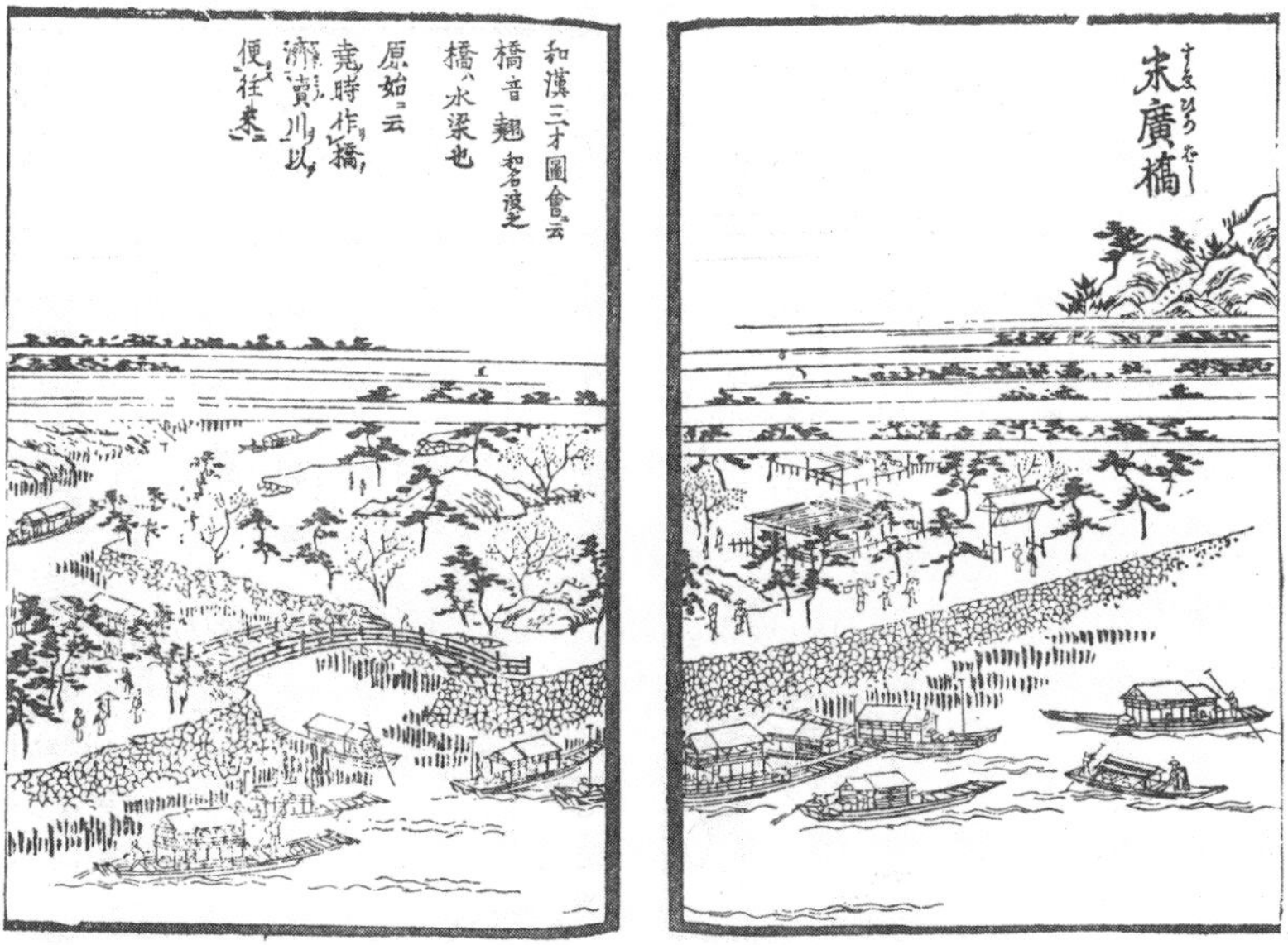

図 2-8　めでたい名称の橋の数々「末広橋」

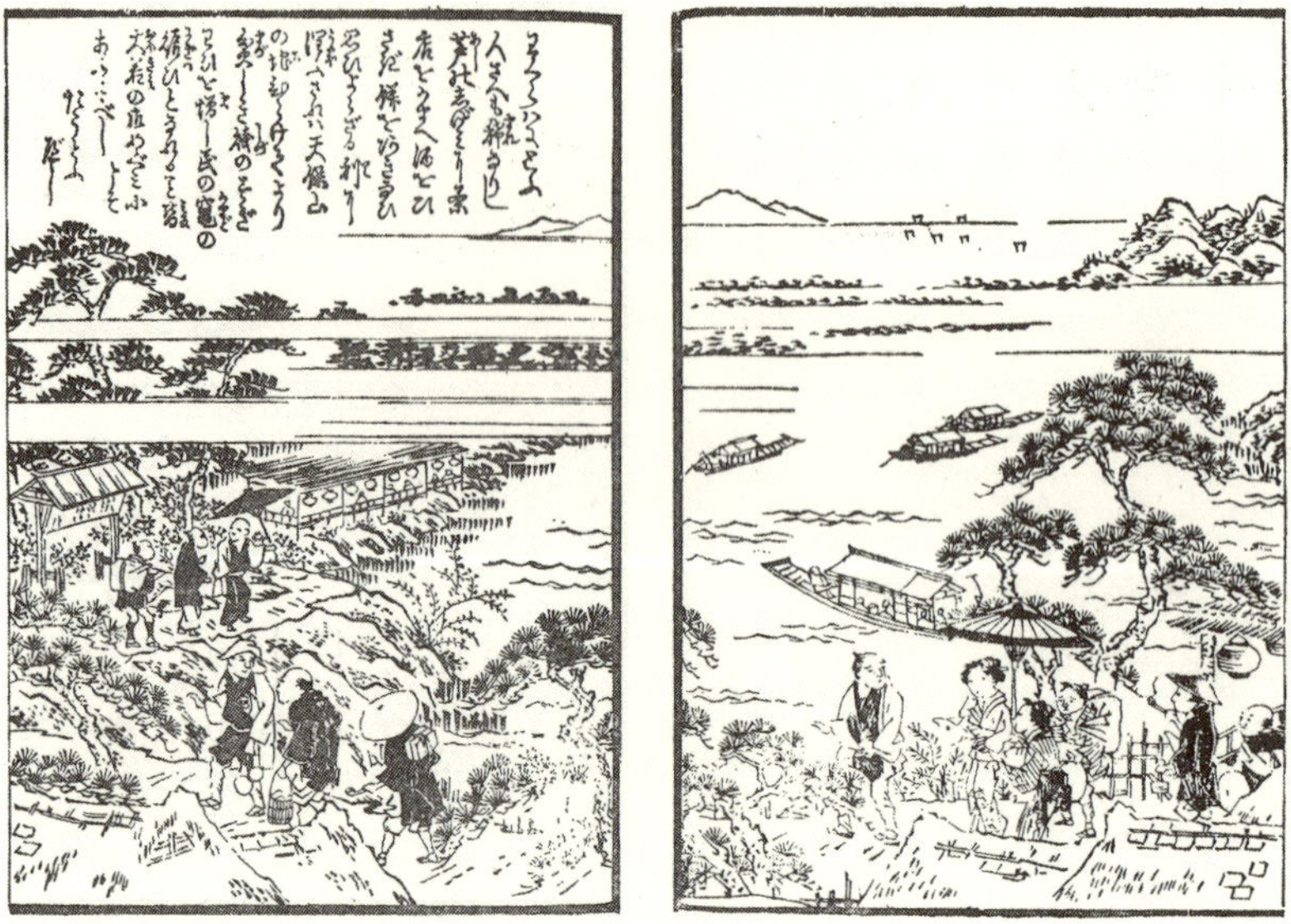

図 2-9　茶店のにぎわい

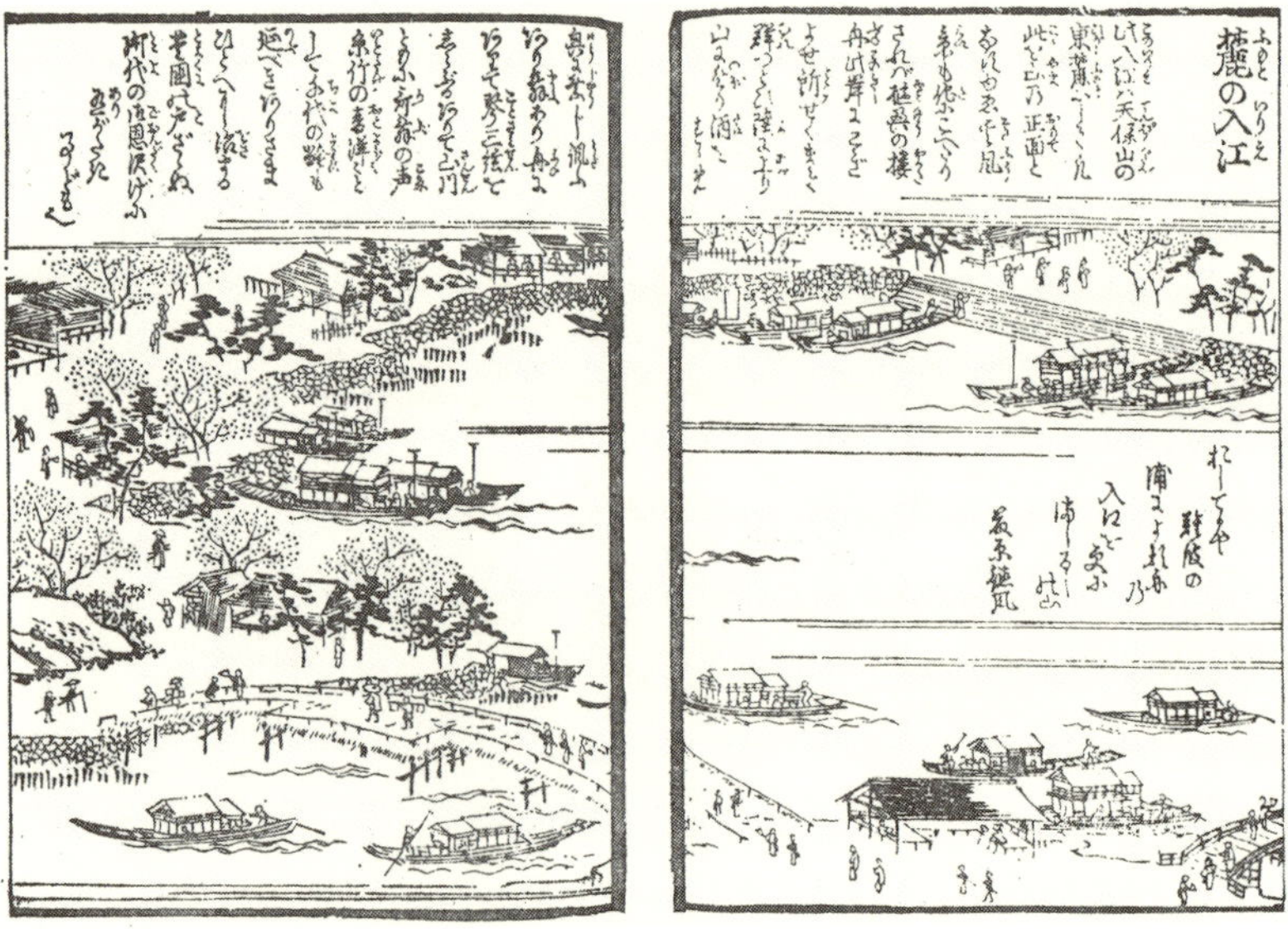

図 2-10　「麓の入江」

図 2-11 「南峯方隅石」

天保山には入江や水路があり、茶屋や屋形船での遊びも可能であった。「麓の入江」と題する絵には、「この入江は天保山の東麓にておよそここを山の正面となすゆゑ、その風景も他にこえたり。されば遊興の楼舟この岸にこぎよせ、所せくまで群れつどひ、陸に上がり、山に登り、酒をすすめ、興に乗じ謳ふあり、舞あり、舟にありて琴・三絃をしらぶるありて、山川ともに歌舞の声・糸竹の音洋々として、千代の齢も延ぶべきありさま……」などと記されている（図2—9〜10）。

南側の峰に「方隅石」と命名された蠟石が置かれた。表に磁針の形と東西南北の方位を彫りつけて、登山してきた人に方角を教えた。図会には、大坂湾の眺望とゆきかう帆船とともに、遠くを指差す人たちの姿がある。「峰数二十四箇所、谷数三十一箇所、橋数十一箇所。眺望十一国、山城　大和　摂津　河内　和泉　近江　丹波　紀伊　淡路　阿波　播

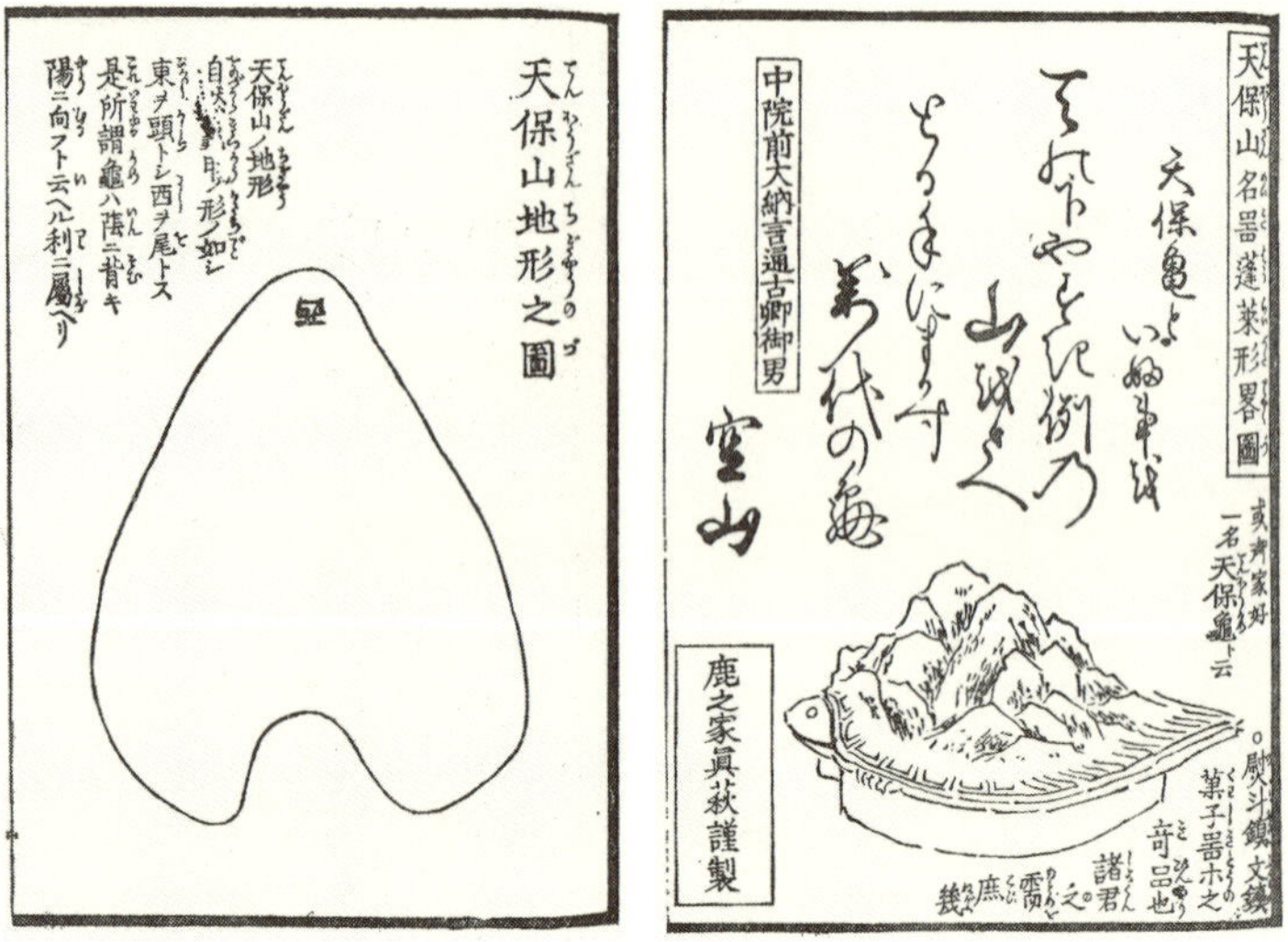

図 2–12　「天保山地形之図」（左）**と「天保山名器蓬莱形略図」**（右）

磨」という記載からも、この地からの眺望の良さを推し量ることができる（**図2―11**）。

図会では、天保山の地形が亀の甲羅に似ていると強調する。面白いのは、この形を理由に、巨大な霊亀の背にあって東海を漂うという、神仙が暮らす蓬莱にたとえている点だ。この土地を開発する以前、巨亀が一匹この渚にあって退くことがなく、里人がこれを愛して近くの池に養っていた。すると数多くの子亀を産み、人々はこれを吉祥と喜んだ。すると程なくこの地が開け、繁栄の地になったという伝承を記す。

「天保山地形之図」では、「おのずから亀甲のかたちのごとし」と述べている。加えて甲羅と見るならば、東を頭とし西を尾としている様子から、亀は陰に背き、陽に向かうというとおりだと分析している。暁鐘成が営んでいた鹿之家製の「天保亀」と命名した名器の図は、まさに天保山と亀の背に聳える蓬莱山を、重ねて想起させる姿に描く。不用となった土砂を投棄することで、海辺に築かれた山は、蓬莱の物語を背負う行楽の巷に転じ、大坂の人々に親しまれたことが理解できるだろう（図2―12）。

四　再生される名所

幕末の動乱のさなか、山は数奇な運命をたどることになる。安政元（一八五四）年、天保山の沖に開国を要求するロシア軍艦が姿をみせたのだ。そのため大坂城代は各藩に命じ、天保山に布陣し、ここに砲台を造ることにした。このため名所の面影はすっかり消え失せた。庶民の遊山空間は、海防の拠点となる要塞に転用された。

その後、天保山は、ふたたび行楽地として脚光を浴びる。明治の初め、大阪府が公園を設置する際、たびたび候補地にあげられたが、選からは漏れていた。ようやく明治二十一（一八八八）年、それまで陸軍の管轄下にあった天保山が、民間に賃貸されるという噂が新聞をにぎわす。報じるところでは、はじめ天保山砲台の跡地は、天保町の徳井という人物が借り受け、授産場を作ることになったという。

授産場というのは、手に職のない人々になんらかの技術を習得させる公的な施設である。大阪府が実施した授産場の制度は、明治六（一八七三）年に廃止され、そののち同じ機能は勧業場にうつされる。上本町三丁目、難波新地六番町、平野町の三か所に設置された勧業場では、貧しい人々を収容し、同時に絹綿織布法・メリヤス織布法・裁縫・煉瓦石製造法・漉紙法・養蚕法などといった技術を伝授した。のちにこの種の貧民救済策は切り捨てられ、勧業場の規模そのものは縮小される。

こういう社会状況のなか、徳井某が貧民救済という意味から、紙すきの授産場をつくるという計画を立てて、天保山の借用を陸軍に申請したというのだ。行政が手をひいた勧業場というシステムを、民間でやろうというのだから、なかなかの侠気ではないか。彼のプランがどのようなものであったか、また行政がなんらかのかたちでバックアップしていたのかどうか、そのあたりの事情を具体的に語る史料は手元にはないが、きわめて公共性の強い砲台跡再開発のプランが練られていたことだけはまちがいない。

ところがこの計画は突然、頓挫してしまう。三月二十二日付の『大阪朝日新聞』には、次のように書かれている。

「当地の野口茂平氏は天保山砲台跡を遊園となし、なお園内にクラブおよび冷温の海水浴場を置き、つねに街衢熱閙のうちにある人をして、ここに遊ばしめんと企て諸準備すでに告成せしにつき、来月一日よりこれが開園なす趣なり」

借地の権利が人手にわたり、また土地の用途も初期の計画からは、まったく変わってしまったようだ。授産場から遊園へと再開発方針が変更された背後に、いったいどのような事情があったのか。憶測の域をでるものではないけれども、そこに、かつての名所の賑いをもういちど再現しようとする意志が働いたことはまちがいない。野口という人物は、この遊園を経営する母体として、大阪の官吏や豪商などに共同出資を呼びかけ、天保山企業組という会社を設立している。このあたりの事情から、砲台跡地を遊園として再生する事業も、当初の授産場建設計画と同様に、公共性の強いものであったことがうかがえる。

五　西洋風の主題遊楽園

天保山遊園の風物を描いた開業当時の資料を見てみよう。中心になっている建物が、天保山倶楽部と海浜院である。図から判断するかぎり、クラブハウスの建物（**図2—13左端**）は、二階に吹きはなったベランダをめぐらせた二階建の建物である。下見板張りの壁面のデザインと、アーチ風の飾りをのせた窓まわりのディテールが特徴的だ。居留地によく見かける、いわゆるコロニアルスタイルの洋館である。

海浜院の裏に見える和風の庭園には、航海の安全と漁民の生業を守る海神をまつる住吉神社が勧請されている。また天保山と天保町をへだてる運河に沿って、二階建ての和風建築がいくつも建ちならんでいる風景が描かれている。江戸時代の名所のなごりを伝える料理屋やお茶屋、あるいは旅館の類である。川面をゆきかう遊山舟の風情とあいまって、遊興地の情緒がただよっている。

いっぽうの海浜院（**図2—13中央**）は、やや遅れて明治二十一年の五月に営業をはじめている。クラブハウスと同様、ベランダをめぐらせた下見板張りのコロニアルスタイルである。海浜院に付設された海水温浴場は、文字通り沸かした海水に体をひたす一種の湯治場であった。開業時にくばられたビラを見ると、「海浜の地は大気特に新鮮にして、海色の蒼々たるは以て吾人の精神を爽快ならしめ」「高安道純国手（医師）は隔日ごとに三時間宛この園内すなわち海浜院に出張」と記されている。医療施設という側面が、ことさらに強調されている。

海浜院の開場に先だち、天保山企業組では共同出資者をはじめ五百名を招待し、オープニングパー

図 2-13　天保山遊園

ティをはなばなしく挙行した。会場では、景気づけの余興として昼夜を問わず数十本の花火が打ちあげられ、南地五花街・北新地から借り出された芸妓数十名が賓客をもてなしている。けれども、あまりに出席者がおおいため混乱を懸念した主催者側は、酒の接待をとりやめ、そのかわりに当時としてはハイカラな飲料であったコーヒーと茶菓子を用意した。

　天保山倶楽部前の広場から橋をわたると、小高い丘がある。かつて人々が群れ集った遊山の場であり、幕末には黒船に照準をあわす大砲が設置されていた場所だ。なだらかな丘のうえでは、おおぜいの人々がはるかな沖を見晴らしている。そのかたわらにある煉瓦造の灯台は、かつての高燈籠の後身として維新後いちはやく建設されたもので遊園とは関係はない。赤色の光を沖合一二里にまで放ち、大阪の内港へ向かう運河の入り口を、行きかう船に伝える役割を果たしていたという。

埋めたて地のなかに入江が見える。ここに魚釣場が設けられていたらしく、開業用の広告ビラには、のどかに釣にうち興じている人々の姿が描かれている。またこの遊園では、ハマグリ繁殖所を大阪府から借り受け一般に開放していた。五月から九月までという、夏季だけの期間限定であったが潮干狩の営業もおこなっていた。

沖あいに目をうつすと、海水温泉船や海生魚船と名づけられた屋形船のほか、二人乗りのボートがたくさん浮かんでいる。春には潮干狩船、夏にはその場でとった魚をすぐさま調理し船上で宴会がひらける網船、秋には尻無川口の紅葉をながめる紅葉船というように、季節ごとにおびただしい数の遊山船がくりだした。眺望のよさはもとより、魚釣りや船遊びも、ここでの楽しみであったようだ。都心から遊園へのアクセスとしては、二艘の専用連絡船が用意された。鉄丸・換盛丸と名づけられた小型の蒸汽船で、天保山と市街地に近い富島波止場とを結び、毎日午前午後に八往復の便があった。

天保山遊園は、伝統的な名所空間を再開発して建設された、近世的な遊園の面影を残す行楽地である。けれどもその内容を見ると、西洋風の集会施設であるクラブと療養所であるクアハウスを中心に据えている。異国をテーマとするリゾートをつくろうとしたと見ることができるかも知れない。

海辺に築かれた人造の「山」は、古くは蓬莱という中国伝来の神仙の楽園に似せて、物語性が組立てられた。近代にあっては、同じ場所が西洋の遊園として、ふたたび整備された。遊山地という場所性を保持しつつ、水都の人々に絶えず非日常的な異界を提供してきたわけだ。

図 3-1 「水都」パンフレット（著者蔵）

3 都——「水都」というアイデンティティ

一　東洋のベニス

大阪の美称として、いつから「水の都」という言葉が用いられるようになったのか。明治二十年代の地誌や案内書を見る限り、水路や河川が縦横に流れているという説明はあるが、明快に「水の都」、あるいは「水都」という形容を見ることはできない。

田野登は、明治時代中期の児童書や教科書、さらには観光案内書を分析し、大阪が「水の都」と呼ばれるようになった経緯について検証している。都市の異名、ないしは通り名がいかに普及したのかを史料に基づいて検討する興味深い論考だ（たとえば「冠辞「水都」考――大都会のパラダイム変換を読む」『大阪春秋　第九八号』大阪春秋社、二〇〇〇年三月）。

田野は一例として、大阪において第五回内国勧業博覧会が開催された際に出版される案内書『大阪と博覧会』（第五回内国勧業博覧会協賛会、一九〇二）を紹介する。そこに「世人京都を水の都と称すとはいへ其実は大阪こそ真の水の府なれ、大阪は西洋人も日本のヴェニス（伊太利にて有名なる水の都）と称する位にて、川と堀とは此地の骨なり」という一節があるのだ。

政府が関与した内国勧業博覧会は、明治時代にあっては重要な国家イベントである。大阪も京都や東京と招致を競いあい、五回目にしてようやく開催を実現させたという経緯がある。実際、大阪天王寺と堺大浜を会場とするかたちで実施された五回目の内国勧業博覧会は、明治期の日本で実施された博覧会では最大規模となり、成功裏に終わった。また将来的には国内での国際博覧会開催を視野に入れていたため、「内国」とうたいつつも、参考館などの展示館を中心に海外の商品を扱う商館などの出展も受け入れた。博覧会を理由に、大阪に全国各地から人が参集した。先の案内書も、博覧会への見物客を目当てとした出版物であったのだろう。

ただ田野が紹介する案内書では、いまだ大阪は「水の都」ではなく、「水の府」だという表現に留まっている。ただ京都が「水の都」と呼ばれていたことに対して、大阪は「日本のヴェニス」と呼ばれるほどに川と堀とが「此地の骨」となっているという指摘に注目したい。この時期、ベニスにたとえられる景観が大阪の街で散見されたということにほかならない。

来街者が川から街を眺める機会が増えたことも、大阪がベニスにたとえられる契機のひとつになったのではないか。博覧会の開催を契機として、大阪市はみずからが管理する東横堀川や西横堀川など都心を流れる河川で市営の巡航船の運航を企画した。水路を巡る小船のネットワークを確立し、都市の幹線となる公的な交通手段を整備しようと考えたようだ。明治三十五（一九〇二）年二月、鶴原定吉市長は市営巡航船の計画を市会に提案する。しかし九月の議会にあって、規模が小さく収益性がみえないと廃案になった。これを受けて、民営での事業化が議論の俎上にあげられる。以下、三木理史氏の著書を参照しつつ、巡航船の顛末について述べてゆきたい（三木理史『近代日本交通史第9巻　水の都と都市交通——大阪の20世紀』成山堂書店、二〇〇三）。

当初、鶴原市長は、伊藤喜十郎に相談を持ちかける。これを受けて伊藤は隅田川で川蒸気会社を経営していた竹内善次郎に相談、大阪巡航合資会社を設立する。市は各年度の営業収入のうち、一定額の報奨金を市に納める条件で許可を出す。巡航船運航に対して、人力車の車夫たちが反対集会を開催、投石や放火といった暴挙にでた。しかし同社は新町橋と日本橋を結んで運航を開始、まもなく縦横の水路に路線を拡大する。ついで明治三十七（一九〇四）年四月には浪速巡航株式会社も営業を始め、大川、堂島川、安治川、木津川など市の管理外である諸河川での運行を行なう。両社は明治三十九（一九〇六）年に大阪巡航株式会社に統合される。乗客だけを運び、一〇分間隔で発着する頻発運行を実現、「待たずに乗れる」という利便性が評価された。巡航船の利用客は、市電第二期線が開業する明治三十九年までは増加したが、のちに市民の足という役割は市電に奪われた。

もっとも縦横に走る水路を交通幹線とみなす発想はなくなったわけではない。大正後半から昭和初期であろうか、大阪快速巡航船株式会社が新規に快速船を運航させていた時期がある。手元にある冊子を見ると、大阪市内の主要な地点、二九か所を直線的に連絡していることからもっとも短時間、し

図 3-2　大阪快速巡航船パンフレット表紙

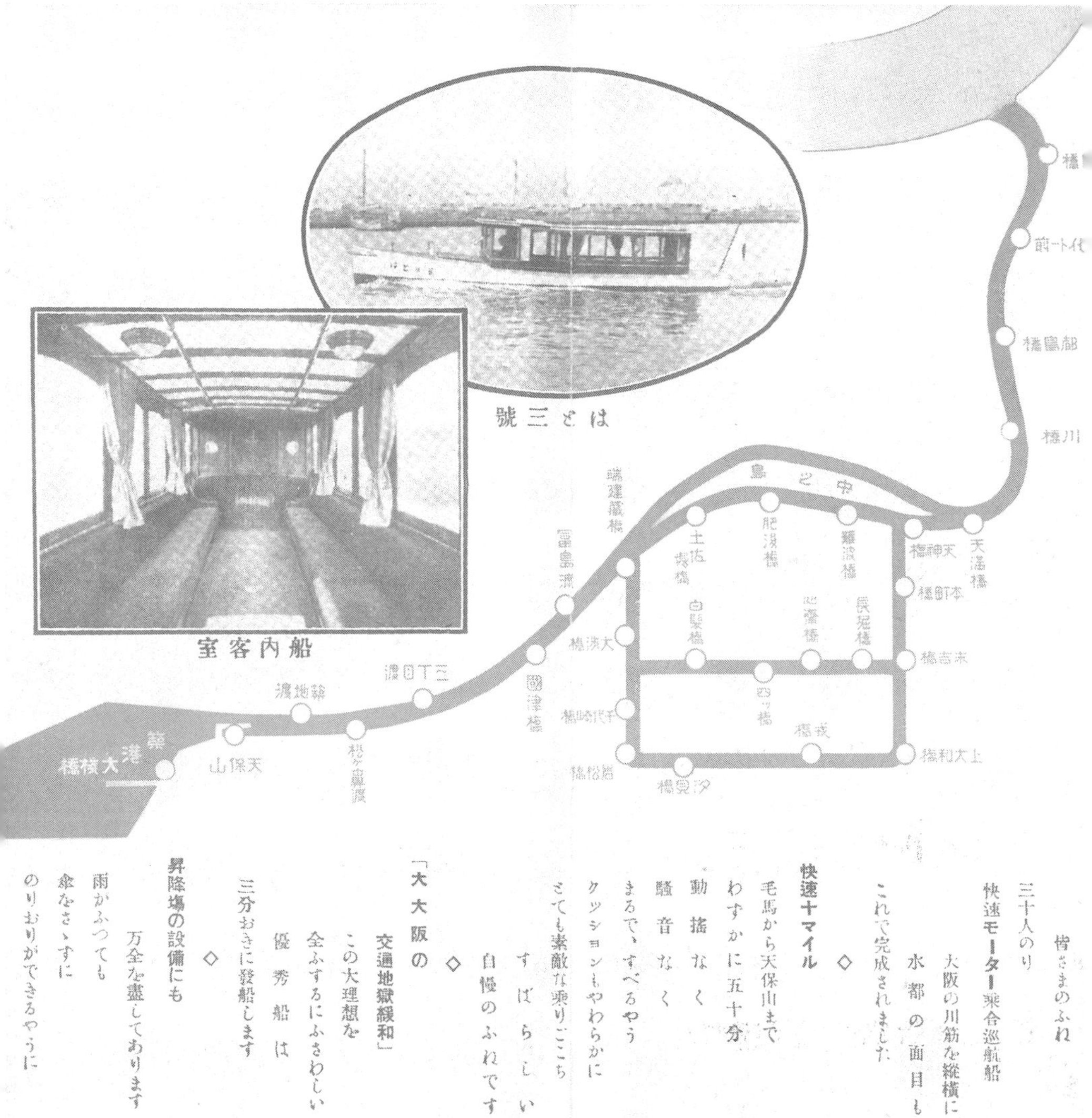
はと三號
船内客室
中之島
天満橋
天神橋
本町橋
天保山
皆さまのふれ
三十人のり
快速モーター乗合巡航船
大阪の川筋を縦横に
水都の面目も
これで完成されました
◇
快速十マイル
毛馬から天保山まで
わずかに五十分
動揺なく
騒音なく
まるで、すべるやう
クッションもやわらかに
さても素敵な乗りごこち
すばらしい
自慢のふれです
◇
「大大阪の
交通地獄緩和」
この大理想を
全ふするにふさわしい
優秀船は
三分おきに發船します
◇
昇降場の設備にも
万全を盡してあります
雨がふつても
傘なさゝずに
のりおりができるやうに

図 3-3　大阪快速巡航船パンフレット

かも驚くほど安い料金で各所を結んでいた。表紙に「水の都にこの誇り」とあり、下記のような宣伝文句がならぶ（図3―2〜3）。

「いよいよ走る　皆さまのふね　三十人のり快速モーター乗合巡航船　大阪の川筋を縦横に　水都の面目もこれで完成されました」

「快速十マイル　毛馬から天保山まで　わずかに五十分　動揺なく　騒音なく　まるで、すべるやう　クッションもやわらかに　とても素敵な乗りごこち　すばらしい自慢のふねです」

「『大大阪の交通地獄融和』この大理想を全ふするにふさわしい優秀船は　三分おきに発船します」

明治四十（一九〇七）年の発表とされる溝口白羊が作詞した「大阪巡航唱歌」の歌詞に、「花の浪速は昔より　水の都と名に高く　流るる川は十文字　市中の運輸を助くなり」とある。巡航船は大阪にあって、水路や運河の機能を顕在化させた。船を足として移動した人々は、この街が「水の都」の名にふさわしいことを自覚したのではないか。

二　「水の都」と「煙の都」

本題に戻ろう。そもそも大阪を「水都」と形容する慣行は、いつ頃から定着したのだろうか。先に紹介した論考のなかで、田野は児童書に次のような記述を見いだし、大阪を「水都」と呼ぶ用法は少なくとも明治四十一（一九〇八）年三月にまでさかのぼることができると指摘する。

「〇市内を縦横に通つてゐる河には大小の船が上下し、大厦高楼が影を倒にうつし、夜などは電気燈や瓦斯燈の光が水にうつつて、大阪市が水の上に浮んでゐるよーで、ちよーどイタリヤと云ふ国のヴェニスと云ふ町のよーです、それで世の人は大阪を水の都ともいふてゐます、河が多くあるから橋の数も亦多いおそらく日本一でせう。」（友松会『おほさか』児童叢書おほさか地理の巻、一九〇八）

先に述べた「大阪巡航唱歌」も含めて、おおよそ明治四十年頃に大阪を「水の都」と呼ぶことが人々のあいだに広まった様子を知ることができる。さらに田野は先の論文で、明治四十年代の前半になって、大阪を「水の都」と呼ぶ例が目につくようになったことを実証する。たとえば明治四十二（一九〇九）年四月に日本電報通信社支局が発行した『大阪案内』では「……大川の夕涼み舟遊びは大阪人四季の行楽中最も大袈裟に且つ盛んなるものにしてげに水の都ならでは見ること能はざる名物の一」とあり、また明治四十四（一九一一）年の大久保透著『最近之大阪市及其付近』には「大阪は実に橋の都なり水の都なり」「川は実に大阪の生命なり。大阪市を称して『水の都』と云ふ。之を伊国のヴニス《（ママ）》に比して、果して妥当なりとすべきやの疑はしきものあり。然れども大阪が此の川によりて活き又益活きんとするは遂に否むべからず」「大阪に於て川は道路を兼ぬると同時に又一種の公園とも云ふべし。此の意味に於て『水の都』と云ふ亦妨げず」といった叙述を散見することができることを指摘する。

明治四十五（一九一二）年、高安月郊が『畿内見物』（金尾文淵堂）に寄せた「水の都」と題する文章がある。そこに「〇川涼／大阪は水の都である。町幅が狭い丈川が大道である。淀川は大通である。横堀は小路である。町を通るより、川を通る方が大阪の特色が味はれる」といった一節がある。これに関して田野は、明治の末年の頃には、すでに大阪を「水の都」として語る表現が熟していたと断じている。

さらに田野は、「水都」ないしは「水の都」と呼ばれた大阪が「煙の都」というもうひとつの通り名を得たことに着目する。たとえば明治四十二（一九〇九）年十月、箕面有馬電車が発行した冊子『如何なる土地を選ぶべきか』の冒頭にある「美しき水の都は昔の夢と消えて、空暗き　煙の都に住む不幸なる我が大阪市民諸君よ！／出産率十人に対し死亡率十一人強に当る大阪市民の衛生状態に注意する諸君は、慄然として都会生活の心細きを感じ給うべし。同時に田園趣味に富める楽しき郊外生活を懐うの念や切なるべし」という著名な文章を紹介、「水の都」の初出があったほぼ同じ時期に、この脅迫的な住宅売り出しの文句が「近代水都の現実を『告発』している」ことの意義を問いかける（前掲「冠辞「水都」考」）。

続けて田野は、明治四十二（一九〇九）年四月に発行された『大阪案内』（日本電報通信社支局）にある次の文章を紹介、「煙」に関わる叙述が「今の大阪」を語る文脈で用いられているのに対して、「水」に関する部分では既に「古の大阪」と表現している点に注目する。

「大阪は煙の都なり水の都なり。煙と水とにて彩れる大阪は実に日本の大都会にして亦日本商工業の中心たり。見よ工場より高く吐き出して蒼空に飛散する煙は一面の雲となつて十重二十重に大阪を包めるにあらずや百尺の飛虹とも見るべき。幾多の橋影を倒涵して流るゝ所の水は縦横に大阪を囲めるに非ずや／前者は今の大阪を語り後者は古の大阪を示せり。煙突の下には諸種の工業行はれ富の増殖行はる。試みに大阪市内の煙突を挙ぐれば高さ六十尺以上石炭を燃料とせるもの七百余基其高さ十間以下のもの及び工業を目的とせざるものを加ふれば総数一千基に上るべし。斯の如きは亦此れ一種の壮観ならずや。今の大阪の繁栄十中の七八は蓋し之に因す。又河川に就て見んか。大阪市街到処に大小の河川あり以て商舶賈船の出入に便す。是を以て封建の代諸侯の蔵屋敷あり又大阪の二十四組問屋と江戸の十組との間に行はるゝ賈買の為めに往復する所の菱形廻船あり伏見と大阪との交通の為めに淀川を上下する過書船あり。昔の大阪の繁栄は全く之に頼りき。」

大阪はベニスとの対比にあって、「水の都」の名を得ることになった。明治三十年代にすでに用例があり、明治末には一般的になったとみるのが適切であるようだ。しかし「水都」「水の都」という都市の形容は、しばしば「烟都」「煙の都」と対となる語句として使用された。そこにあっては「工業化の近代になってはじめて近世の水都景観に気づいている」と田野が適切に指摘するように、「煙ー工業ー富の増殖」に傾斜した都市近代化のパラダイムのなかでは、「水の都」とは、蔵屋敷・二十四組問屋・菱形廻船・過書船など「昔の大阪の繁栄」と称するべき、懐旧の対象として再発見されるものであった。

三　産業と観光の水都

大正時代から昭和初期にかけて、大阪を「水の都」と形容する表現は、いっそう一般化する。その普及のなかで、産業都市としての繁栄を見なす「煙の都」と、あたかも対句のように用いられるようになる。一例を示そう。大正天皇の即位奉祝の祝いが各地で行なわれた大正三（一九一四）年七月、『大阪大観』（大観社）という書籍が発行されている。その総説に次のような言いまわしを見ることができる。

「大阪を水の都と誰かいひ初めけん実にや水運の便殊に宜しく市の内外更に溝渠相通じ市内はいはずもがな、市外数里の遠き尚且つ一棹以て達し得べきの処東西南北交通の中央に位し物資の集散尽し大阪を避けんとして未だ之を避けんとして未だ之を避け得ざるの辺、実に南隣堺の繁栄を奪い東北境京都にただ山紫水明の辞を呈して止むあるに至る所以なりとなす、之を思ふに水の都は亦煙の都にして工場軒を連ね烟突林立し煤煙防止の声を聞く底の発達を今日見る亦其所なるべし……」

ここにあっては、「水の都」という通り名が、産業都市の発展を示す「煙の都」という呼称と響き合うものとして用いられている。また昭和八（一九三三）年に発表された「大大阪地下鉄行進曲」は、「水の都の　地の底までも　進む文化の　輝くところ　拓く軌道は　難波のほこり　讃えよ　地下鉄　スピード時代」と歌う。「水の都」は、過去を懐旧する場合だけではなく、同時代の都市の繁栄を誇らしげに讃える場合にも用いられる。

「水都」は、大阪の異名として定着する。昭和十一（一九三六）年六月、大阪市が新たな観光艇の就航をはかった際、その名前に「水都」という名称を選んだのも当然だろう。その経過は雑誌『大大阪』昭和十一年六月号に大阪市産業部観光係が寄せた「水都観光ルート　流線型観光艇お目見得」という記事に詳しい。船名は市民からの公募で選定された。二万六七四四通の応募、五八〇〇ほどの候補から「水都」を選出、白鳥、豊国、大淀、かがみ、観光、たかつ、なには、このはな、さきがけ、錦城が佳作となっている（図3—1）。

「水都」号は淀屋橋北詰の桟橋を出航、第一水路である土佐堀川を東進、中之島剣先から向きを西に変えて、第二水路、すなわち堂島川から安治川を下って、第三水路である大阪港の港湾施設や工場地帯を巡る。今度は第四水路である木津川運河・木津川筋を遡り、川口から第五水路である土佐堀川に入って出発点に戻る回遊ルートをとる。行程二八キロ、所要時間二時間のコースが設定された。マリンガールが解説を実施、市営バスによる陸上の観光ルートと連絡していた点が売りものであった（図3—4〜5）。往時のパンフレットを見ると、米国製の一八〇馬力の発動機二機を搭載、川崎造船所に発注し新規に進水させた「豪華観光艇」を、わざわざ「流線型」とうたっている。

図 3-4 「水都」パンフレット（著者蔵）

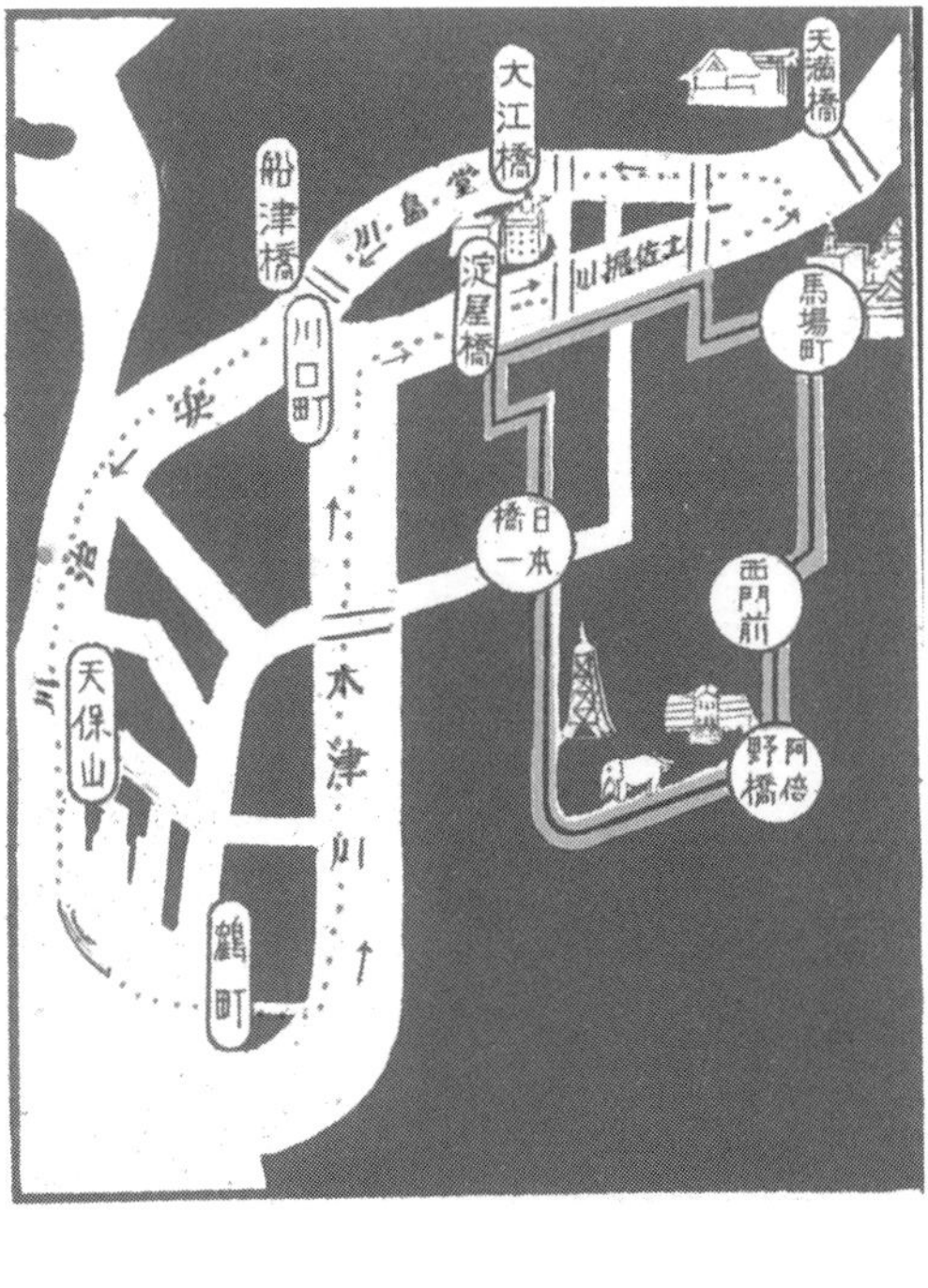

図 3-5 「水都」パンフレット
（著者蔵）

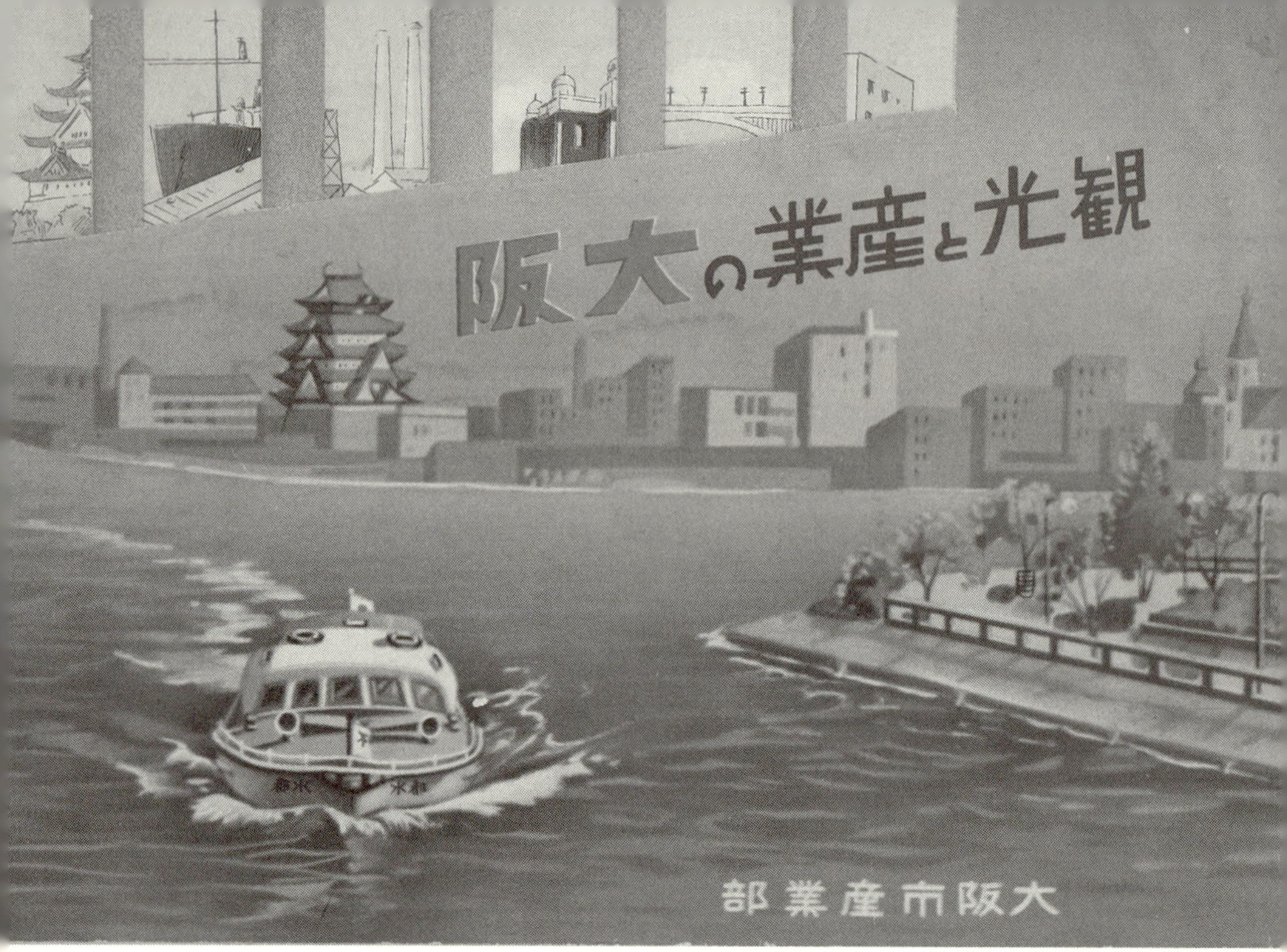

図 3-6 『観光と産業の大阪』表紙（著者蔵）

就航後一か月の感想が、雑誌『大大阪』昭和十一年八月号に掲載されている。二八日間で七四回の運航を実施、乗客数は一七三〇名を数えた。九割が市民であったが、米国人一二名、インド人、カナダ人六名、フランス人四名、英国人、ロシア人各一名が乗船した。異邦人の談話が面白い。ロサンゼルス商業会議所貿易部長は「……自分の最も興味を惹いたのは、大阪港内のシッピングの状態と、木津川両岸に於ける個人的企業の活動振り、並に全水路を通じて重要工業の何一つも欠けて居らない完備に驚嘆……」と述べている。またボストン在住の作家は「外人は多く日光、箱根、京都等へ赴くが、余は特殊の風俗を見たく大阪に来たが、流石商業の都として市街の立派なるに一驚した、殊に川を利用しての観光は、

『ベニス』を回想せしめたが更に『ベニス』以上に活動的で、また規模も大きく甚だ愉快に観光した」と述べている。市民の足とするべく巡航船のネットワークを構想した明治時代とは異なり、国際観光の推進をはかった時期にあって、河川を軸とした独特の観光手段を売り出そうと試みた。ここにあって再度、比較対象としてベニスが登場する。しかし都市の規模は、もはやベニスを超えたものと認識されている。

先に紹介した「水都」のパンフレットでも、大阪の新しい美観はベニスではなくロンドンのテムズ川と比べられている。たとえば第五水路の解説には「大阪は『水都』の名にそむかず、一二八〇の橋々、船を我家の水上の世帯が約五千、土佐堀川は昔し西国渡海場と呼ばれたところ、常安橋、筑前橋、肥後橋などの懐かしい橋々から、倫敦テームズ河のエンバンクメントを思はせる美観遊歩道……」とある。歴史的な風光のほか、中之島公園や都心部のビル街など水際に新たに出現した近代的な都市景観までを含めて「水都」の見どころとする。いっぽうでは工場地帯や造船所にみる産業都市の風情に対して、貧しい水上生活者の暮らしぶりも展覧するように乗客に促す。

「水都」号の就航に応じて、大阪市産業部は『観光と産業の大阪』と題する冊子を発行した**（図3―6〜7）**。そこでは「……今回水の都たる大阪の特殊性、水を利用せる大工業の発展即ち水の商工都市を普く宣揚紹介するため」に、新たな観光艇を新造し、「水の上から大大阪の躍動のありさま」を案内すると強調する。また先の「水都観光ルート　流線型観光艇お目見得」（『大大阪』昭和十一年六月号）では、観光艇就航の目的として、「水の都大大阪の活動状況、水運を利用せる大工業の発展、大小船舶の輻輳せる水上交通状態、市中を貫く大河に架せられた近代橋、河水を浄化する可動堰、近代メカニズムの姿態を銀色に輝かしてゐる可動橋、これ等近代都市の明朗な構成美は水上から見るに如ずと

図3-7　中之島付近の空撮

いふ意味で水上観光ルートを開設し、これに豪華な観光艇を運航して普く市勢を宣揚紹介する計画……」と述べている。

真新しい流線型の観光艇は、「水の都」を水上から見ることを売り物とした。観光に特化した産業政策の文脈にあっては、「水都」という呼称は、かってのように単に水際の美観を讃える美辞麗句ではなく、水路に沿って発展した「水の商工都市」そのものの呼び名となる。船上から観光客に見せようとした風光と文物に、往時の人々が理解していた「水の都」の説明の枠組みを把握することができる。

もっとも観光艇「水都」は短命であった。昭和十五（一九四〇）年には一般の運航が中止されている。大阪をベニスにならう「水の都」と讃えた時代は、戦火とともに終焉を迎えたのだ。

図 4-1　「大阪天満橋水害大破」（著者蔵）

4
災い
——治国在治水

一　水害と都市

各地に「治水翁」と呼ばれた先人がいる。人々の生命と財産を水害から守るべく、河川の改修や堤防修築に人生を費やした人たちだ。たとえば荒川中流域の整備に生涯をかけた斎藤祐美《ゆうび》(一八六六―一九四二)は「荒川の治水翁」の名を持つ。また宮城県の北上川改修事業を推進した矢本平之助(一八六五―一九三八)は「治水王(治水翁)」の名で知られた。そのほか河川法制定に尽した衆議院議員湯本義憲(一八四九―一九一八)、木曾川や長良川の大改修に関わった山田省三郎(一八四二―一九一六)などの事績を評価する場合にも、同様に「治水翁」の尊称が用いられている。

大阪にも「治水翁」の異名を持つ偉人がいる。淀川改修事業の実現に、文字どおり奔走した大橋房太郎(一八六〇―一九三五)である。

房太郎の事績を評価するには、まず水の都で暮らす人々をしばしば惑わせた惨劇について論じなければならない。大阪平野は、豊かな水の恵みがかたちにした土地だ。ふるくから琵琶湖、京都や奈良の盆地から流れだす水の受け皿であり、淀川、大和川などがここで合流する。加えて生駒や北摂の山々に降り注いだ雨も、おのずとこの地から瀬戸の海に注ぎこむ。上流から水とともに土砂が運ばれる。山を削って下流にもたらされた土や砂が、川筋の途中にある湖沼、湾から内陸に入り込んだ浅瀬を順次、埋め立ててゆく。地勢から考えれば、大阪は海を陸に転換しながら市街地とした「埋め立て都市」と呼ぶべき存在だろう。

恵みは禍と表裏一体である。低地の表層に幾筋もの流路が複雑に交錯していたがゆえに、平野はしばしば大雨や台風によって、暴れる水に襲われる。そのため、地域を治めた先人たちは、洪水への備えとして常に堤を築き、時に抜本的な解決を図るべく、放水路を開削して自然の流路を切り替えてきた。いにしえの仁徳天皇による茨田堤《まむたのつつみ》、秀吉の文禄堤などを例示するまでもない。

しかし災害は時に想定を越えて、都市を襲う。たとえば先の茨田堤にしても、聖武天皇の治世からほぼ百年のあいだに一二回を数えた水害で、たびたび修復工事を行ったことが『続日本記』に記されているという。また江戸時代の記録では、一二六五年の間に六六回の洪水があった。たとえば延宝二（一六七四）年六月の洪水では、仁和寺で堤防が決壊、枚方から大坂の城下、さらに堺までが泥の海になった。

二　淀川の改修

水を治めることなしに、水際に都市を築くことはあり得ない。近代になっても事情は同じだ。淀川筋でいえば、維新のさなかにあたる慶応四（一八六八）年の四月、淀川右岸が決壊した。高槻城が浸水、大阪市中でも橋梁が流失する。人心の動揺を収めるべく、新政府は治河使を置いて堤防の復旧に着手、ついで根本的な修治の計画を立てるためオランダ人技師を招聘する。明治五（一八七二）年、ファン・ドールンは水深五尺を確保するように淀川全体を改修する案を提出する。

さらに外国人の知恵と技が必要とされた。築港計画のために大阪府に招かれたゲ・ア・エッセルは「淀川改修大要」を、ヨハネス・デ・レーケは「淀川末流目論見書」を提出している。明治六（一八七三）年十一月、内務省は大阪出張土木寮を八幡に設置、デ・レーケの指導のもと、水運・灌漑・排水

図 4–2 「明治十八年七月上旬　大阪階楽公園地エ架ス浪花橋流失付舩橋工事」（著者蔵）

などを総合的に捉えた淀川修築事業に着手する。西洋の技術を導入しようとした背景には、淀川を近代的な治水事業のモデルとしようという、内務卿であった大久保利通の考えがあったようだ。

しかし事業を進めている途上にあっても、長雨が降り続けると河川は増水する。悲劇は明治十八（一八八五）年に起こる。六月十八日に枚方天の川の堤防が決壊した。これを合図とするかのように本流・支流の堤防が切れ、北河内、中河内から大阪市東部が濁流にのまれた。さらに被害は拡大する。茨田・讃良《ささら》二郡などに水が溜まった。淀川支流からあふれた水が内陸の低地を浸し、滞ったわけだ。これを排水するべく、やむなく江戸時代以来の旧例どおり野田村大長寺裏手の堤防を意図的に切る。結果、下流の大川沿いに水が流れ込んだ。

通常であれば、時間をかけて水が引き、広域の洪水は解決するはずであった。しかしこの時は違った。いったん小康状態になった降雨が、月末になってさらに激しくなる。七月に入っても、下流の被害は増すばかりだ。大阪の都心にも濁流が押し寄せた。一日夜から二日の早朝にかけて水嵩は増え、市街地である西区、北区、西成郡の大半が水没した。三浦行雄『大阪と淀川夜話』（大阪春秋社、一九八五）によれば、当時の新聞は「深きは七、八尺乃至一丈余浅きも二、三尺に下らず、其内福島・曾根崎・野田・川崎各村の如きは特に甚し……」と報じたという。

濁流は市街地内の橋梁を破壊する。「三大橋」と呼ばれた天満橋・天神橋・難波橋を始め、堂島川や土佐堀に架かる橋はほとんど落失した。より下流の安治川橋では、上流から流れてきた材木などが橋の杭に掛り、ダムのように水路を塞ぐようになった。一時にこの橋が落ちると、鉄砲水のごとき水流とさまざまな物が一気に両岸を襲うだろう。大阪府と大阪鎮台砲兵隊は爆薬で橋を事前に破壊して、危機を未然に回避した。水害による死者・行方不明者は八一名、浸水七万二五〇九戸、崩壊一六二二戸という数字が残っている（図4―1〜2）。

三　治水翁

冒頭に紹介した大橋房太郎は、この当時まだ二十五歳であった。東京にあっての書生の身であったが、あまりにも悲惨な水害の一報を聞いて、故郷である東成郡榎本村放出（現大阪市鶴見区放出東）に戻る。各地で治水に命を懸けるべく覚悟を決める。

放出の戸長を経て、二十九歳で榎本村長、ついで府会議員となり政治の道に入った房太郎は、「淀

図4–3　大橋房太郎（1860–1935）

川屋さん」と呆れられるほど、誰かれ構わず治水事業の大切さを説いてまわった。淀川改修を国家事業とするべく、東京に出向き、八か月にもおよぶ陳情を継承する。上京の際に撮影したものと推定されている、真白い新調の背広の写真が遺されている。その表情は強い意志を感じさせるものだ（図4―3）。

房太郎の努力が功を奏し、明治二十九（一八九六）年三月、ついに帝国議会にあって法案が成立する。淀川の改修を目的として、わが国の「河川法」は誕生した。可決の瞬間、房太郎は貴族院の傍聴席で「淀川ばんざい。万歳、万歳！」と大声で叫んだと伝えられている。衛手によって退場させられるのをいとわないほどに、万感きわまったのだろう。淀川改修費として九〇九万四千円を計上、巨大プロジェクトが動き出す。

工事の概要は以下のようなものだ。上流にあって琵琶湖と淀川を結ぶ瀬田川の南郷に洗堰を建設して流量の調整をはかりつつ、桂川や木津川との三川合流地点をずらす。枚方付近の川幅を拡張、堤防のかさ上げを行なう。いっぽう、もっとも下流部分では支流であった中津川を直線的に改築して、幅五四〇メートル以上、長さ一六キロにおよぶ新たな放水路「新淀川」を建設する。同時にかつての本

図 4-4　絵葉書「(大阪)洗堰工事の宏壮雄大なる毛馬閘門」(著者蔵)

図 4-5　絵葉書「毛馬閘門（大阪名勝)」(著者蔵)

図 4-6　絵葉書「(大阪名所）毛馬閘門」(著者蔵)

流である大川との境にある毛馬《けま》に堰を設けて、必要な水量だけを市街地内の河川にまわすこととした。また舟運への配慮として、毛馬には閘門《こうもん》（水位に高低のある水面をつなぎ船の運行をはかるドック）の整備をはかる。これによって、洪水が起こる危険性のある区域と大阪の市街地を、まったく分離することが可能になった。新たな流路の開削によって浚渫された土砂はおおよそ一二五万立坪、堤防築造に要した土砂は約五七万立坪という大工事であった（図4—4〜6）。

毛馬閘門で、淀川改修工事竣工式が開催されたのは明治四十二（一九〇九）年六月一日のことである。宿願のかなった房太郎は、その後も淀川の治水事業の実現に、文字通り心血を注ぐ。その功績に対して、時の内務大臣後藤新平が「治水翁」の名を贈った。いまも四条畷神社には、彼の功労を称える紀功碑、および治水翁碑がある。「治国在治水（国を治むは水を治むにあり）」の言葉が印象的だ。

四　室戸台風と教育塔

水害の源は洪水だけではない。高潮や津波によって、流れ込む海水も都市を洗い尽くす。大阪でいえば、昭和九（一九三四）年九月二十一日の大風水害が記録に残る。一般に室戸台風の名で知られる大型台風による被害は甚大であった。死者二七〇二人、このうち大阪湾一帯の溺死者がかなりの割合を占めた。行方不明者三三四人、負傷者一万四九九四人を数えた。四国を抜けて関西に再上陸したのが午前八時頃、満潮を過ぎてはいたがまだ潮位は高かった。加えて室戸岬に上陸した際には九一一・六ヘクトパスカルの強さ、大阪方面に到来した際にも最大瞬間風速六〇メートルを維持していた。ゆえに大阪湾沿岸一帯に四メートルを超える高潮をもたらす。大阪港では、半時間程の間に堤防を二メー

図 4-7　絵葉書「（近畿地方大風水害）築港大桟橋百間余流失上方に見ゆるは其先端」（著者蔵）

図 4-8　絵葉書「（近畿地方大風水害）築港岸壁へ打ち付けられた汽船」（著者蔵）

図 4-9　絵葉書「（近畿地方大風水害）倒壊せる天王寺五重の塔」（著者蔵）

トルも超える海水が市街地に逆流した。

港湾地区の被害は甚大であった。市域の西半分は高潮で水につかり、工場地帯は大きな打撃を受けた。停泊する船舶も百隻ほどが沈み、総計一九四二隻が損傷を受けた。大正橋付近には、多くの艀《はしけ》が吹き寄せられ、ぶつかりあって損傷し、あたかも「船の墓場」のごとき様子を示したという。築港大桟橋も中間部で分断された。大阪港修築工事のシンボルであった東洋一の大桟橋の近傍には、千トン級の汽船・瑞宝丸が赤い腹を見せて、岸壁に乗りあげていた。また倒壊した桜島の大クレーンの脇には一千トン級の運天丸、第一突堤基部では六三〇〇トンの「うらる丸」が座礁した（図4―7〜8）。

水位の上昇が極端に速かったため、多くの人が逃げ遅れた。加えて強風が建物を襲う。四天王寺五重塔は一瞬にして倒壊、測候所の計器は六〇メートルを示したまま吹き飛ばされた。鉄道の鉄塔は折れ曲がったまま、電車も横倒しになった（図4―9〜10）。

なかでも被害は学校に集中する結果となった。最大風速に達したのが、子供たちの登校時間に合致したことが悲劇を招いたのだ。大阪市内の小学校二四四校のうち七割におよぶ木造校舎が倒壊、もしくは大破した。学校での犠牲者は府下で六五〇名を超え、市内だけでも二六二名を数えた。また堺の三宝小学校では児童五四名、教師一名の死者があった。救出に出向いた保護者たちの二次災害による被害者もあった。死亡した教師のなかには児童の命を救うため自身が犠牲となった例もある。子供たちを腕に抱いたまま絶命した、文字どおりの殉職もあった（図4―11）。

この痛ましい災害ののち、大阪では堅牢な鉄筋コンクリート校舎での再建が本格化する。同時にある婦人が「師弟地蔵」を建立することを提唱するなど、犠牲者の慰霊を求める気運が高まる。各種の運動が実を結び、帝国教育会の首唱のもと、かつ全国からの寄付を受けて、大手前広場に教育塔が建

（近畿地方大風水害）　大軌電車轉覆　（大軌布施）

図 4-10　絵葉書「（近畿地方大風水害）大軌電車転覆（大軌布施）」（著者蔵）

（近畿地方大風水害）　多數死傷者を出した京阪守口小學校

図 4-11　絵葉書「（近畿地方大風水害）多数死傷者を出した京阪守口小学校」（著者蔵）

立されることになった。高さ三三メートル、花崗岩張り、塔上に水煙を飾り、殉難した児童・教職員の氏名が刻まれた芳名板を収める。正面入口左右のレリーフは右が教育精神、左に教育者の児童愛を表現する。昭和十一（一九三六）年秋の竣工にあわせて、第一回の「教育祭」が挙行された。以降、戦時下の動員学徒等をも含めて、教育時間中に不慮の災害によって死亡した児童・生徒・学生や教職員の合祀が継続されている。

水都の繁栄は、災禍と表裏一体である。おのずと暴れる川をいかに治め、海から来襲する自然をいかに制御するのか。人の知恵と技術なしには、都市の物語を綴ることも叶わない。

参考文献

・松村道三郎『放出の太閤』淀川治水翁大橋房太郎君紀功碑移建後援会、一九五七
・松村道三郎『淀川治水二代』大橋会、一九六二
・三浦行雄『大阪と淀川夜話』大阪春秋社、一九八五

図 5-1　「新町　九軒町」（『摂津名所図会』）

5 新地——周縁部としての水辺

一 新町——遊興地の整理と集中

埋め立て地に発達した大阪にあっては、新たな都市機能を導入する際、常に市街地に接した未利用地に新たな用地を確保することが必然となった。遊興の地も例外ではない。城下町が成立したのち、天満《てんま》・吉原町・上博労町・神崎・江口・新堀・阿波座など市中に散在する傾城町を集めるべく、市街地の西側にある未利用地に新たな市街地が計画された。大坂における公許の遊郭である新町である。江戸の吉原、京の島原と並ぶ三大遊郭とされた。元和二（一六一六）年に許可をうけているが、廓が開かれたのは寛永年間（一六二四—四四）にずれこむ。

廓は水際に整えられるのが常だ。新町は長堀川、西横堀川、木津川に囲まれた西船場のなかにあって、周囲にわざわざ溝渠をめぐらして区画された。新京橋町・新堀町・瓢箪町・佐渡島町・吉原町の五曲輪《くるわ》から構成され、五曲輪年寄の支配下に置かれた。出入り口は瓢箪町の側にある大門だけであったが、後に東側に大門を設けて新町橋に通じた。寛文六（一六六六）年の出火後は、非常用の門が五か所に設けられた。平時は閉ざされ非常時のみ開くことから蛤門と呼ばれた（図5—1）。

新町の遊女には、太夫・引船・天神・鹿子位《かこい》・端女郎の階級があり、青楼にも揚屋・天神茶屋・鹿子位茶屋・店付茶屋の別があった。名を知られた遊女に木村屋の小太夫・大和太夫、扇屋の夕霧太夫、佐渡島屋の吾妻太夫がいた。元禄年間には八百人を超える遊女がいたという。のちに文政二（一八一九）年、町の繁栄策として、廓内の九軒町に桜の並木が植えられた。桜のもとを歩く太夫の姿を一目見ようと、多くの見物客が訪れたという（図5—2）。

図 5-2 **「新町廓中九軒夜桜」**(『浪花百景』より。芳瀧画)

図 5-3 **「新町店つき」**（『浪花百景』より。国員画）

廓内の出来事は、井原西鶴や近松門左衛門の作品など、文芸や芝居にかっこうの題材を提供した。享保六（一七二六）年七月、竹本座で『女殺油地獄』が初演された。近松が手がけた世話物だが、実際に起こった殺人事件を題材としていると伝えられている。主人公である札付きの放蕩息子、油屋河内屋与兵衛が足しげく通ったのが新町廓だ。近松は「廓四筋は四季とも散ることを知らぬ花揃え」と表現している（図5―3）。

二　新地――土地の繁栄策として

いっぽう都市基盤を整備する土木事業をすすめるなかで、新たな遊興地の用地が整備されることもある。近世の大坂では、治水工事に伴う事業として、川沿いにいくつかの「新地」と呼ばれる新市街地が計画された。

大坂の発展を語るうえで、欠くことができない貢献者のひとりとして、河村瑞賢（一六一八―一六九九）の名があげられる。伊勢の貧農の家に生まれた瑞賢は、十三歳にあって江戸に出向き、人夫頭などを経て土木工事を請け負うようになる。明暦の大火に際し、木曾の木材を調達して巨利を得て、材木商、米商、金融業をも兼ねる有力者となった。江戸の復興に尽力したその手腕と才覚を認められ、幕府の要請を受けて海運のルートを構想する。

奥州から江戸に、安全かつ迅速に米を廻送するための知恵が求められた。房総半島の南端を回って江戸湾に入る従来の航路は、海難事故が多発していた。そこでそれまでは、阿武隈川から海路で銚子へ運び、利根川から江戸へ運んでいたようだ。積み替えの手間もあり時間がかかる。そこで瑞賢は船をいったん三崎か伊豆の下田に寄港させ、その後、江戸湾に入る航路を提唱した。いわゆる東回り廻船である。ついで出羽にあった直轄領からの輸送ルートを検討、酒田を起点に下関から瀬戸内海に入り、大坂を経て江戸に向かう西回り廻船を具申した。新たな航路の定着によって、幕府だけでなく、諸大名の租米や諸商品の大量輸送も容易になった。

河村瑞賢が大坂と由緒を持つのは、延宝二（一六七四）年の大洪水のあとのことだ。この時、大坂市街地の水嵩は四メートル以上も増したという。淀川、大和川の各所で堤防が決壊、天満橋、京橋、天神橋など主要な橋梁が流された。幕府は以前より上流にあって草木の保護や植樹はすすめていたが、根本的な治水工事を行なっていた訳ではない。甚大な被害を見て、ようやく天和三（一六八三）年、幕府の調査団が大坂に派遣される。この一行に瑞賢も加わっていた。

瑞賢は、半年にわたる調査に基づいた治水の策を具申する。その内容は、安治川を開削、中津川の分岐を改良、堂島川と曾根崎川の改修、大川の拡幅、大和川の分合流部の改良と導流堤の設置、市中の堀川の浚渫など、多岐にわたるものだ。献策を受けて、三年半に渡る治水工事が開始される。浚渫されて不要となった土砂を盛り上げて築いた小山のひとつは、瑞賢にちなむ名がつけられた**（前掲図2─2）**。

一連の工事のなかでも重要であったのが、湾と市街地のあいだにあった九条島を直線的に分割して、新たな流路を確保する事業である。貞享元（一六八四）年に竣成をみた新たな運河は、当初は新堀川または新川と呼ばれたが、元禄十一（一六九八）年に安治川と改称された。

両岸に新たな市街地用地が形成され、安治川橋が架橋された。翌年、安治川と連絡する堂島川とその派川である曾根崎川の改修も終える。一連の工事によって、瀬戸内から市街地への舟運での連絡が容易になった。諸国の廻船が湾から市街地の近傍に位置する安治川橋のあたりまで遡上することが可能になったのだ。安治川口は廻船の荷を、市中の随所に荷を運ぶ小舟に積み替える河港となった。のちに『浪華の賑ひ』では、このあたりの様子を「千石二千石大舟水上に町小路を作りたるがごとし」と述べている（図5―4～6）。

大動脈となる川筋の整備が、拠点形成を促した。安治川のすぐ上流側に位置する堂島川に面した地域に、各藩の蔵屋敷が建設された。米の取引所も設置され、日本を代表するビジネスセンターへと成長する。河村瑞賢の提言がなければ、商都の繁栄はなかっただろう（図5―7～8）。

図 5-4　「安治川ばし」（『浪花百景』より。国員画）

安治川の両側には、九条新地など新たな土地が造成された。堂島川沿いにも、改修によって築かれた護岸に沿うように浚渫した土を盛り、新たな宅地がかたちづくられた。堂島新地のおこりである。堂島新地の売却にあっては、町奉行などが協議、新たな宅地に地子銀を課した。そのなかには新たに必要となった橋梁を架す代価や浚渫の費用も含まれていた。堂島新地には、茶屋や煮売屋、芝居小屋

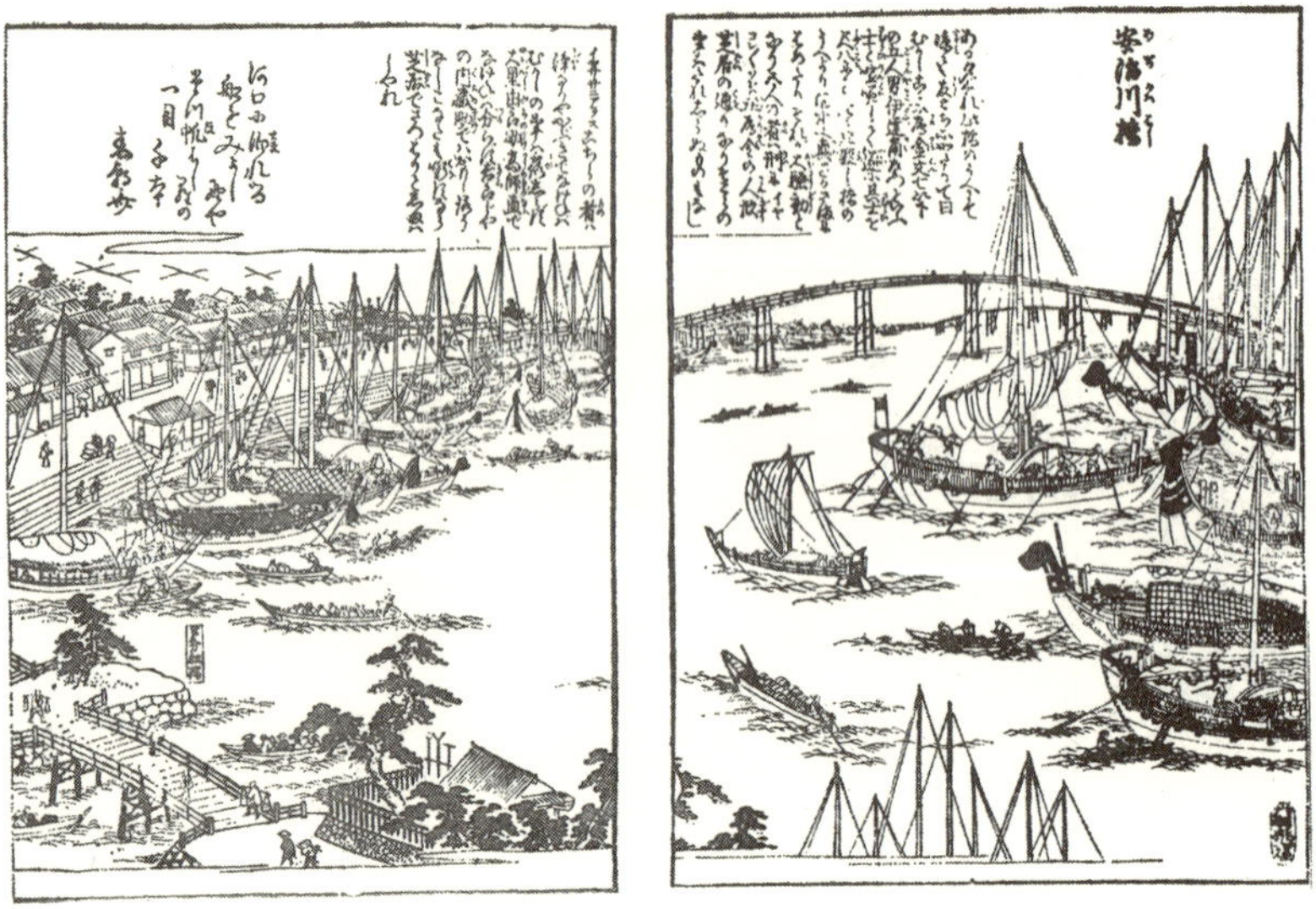

図 5–5　**「安治川橋」**（『摂津名所図会』より。以下図 5–8 まで同じ）

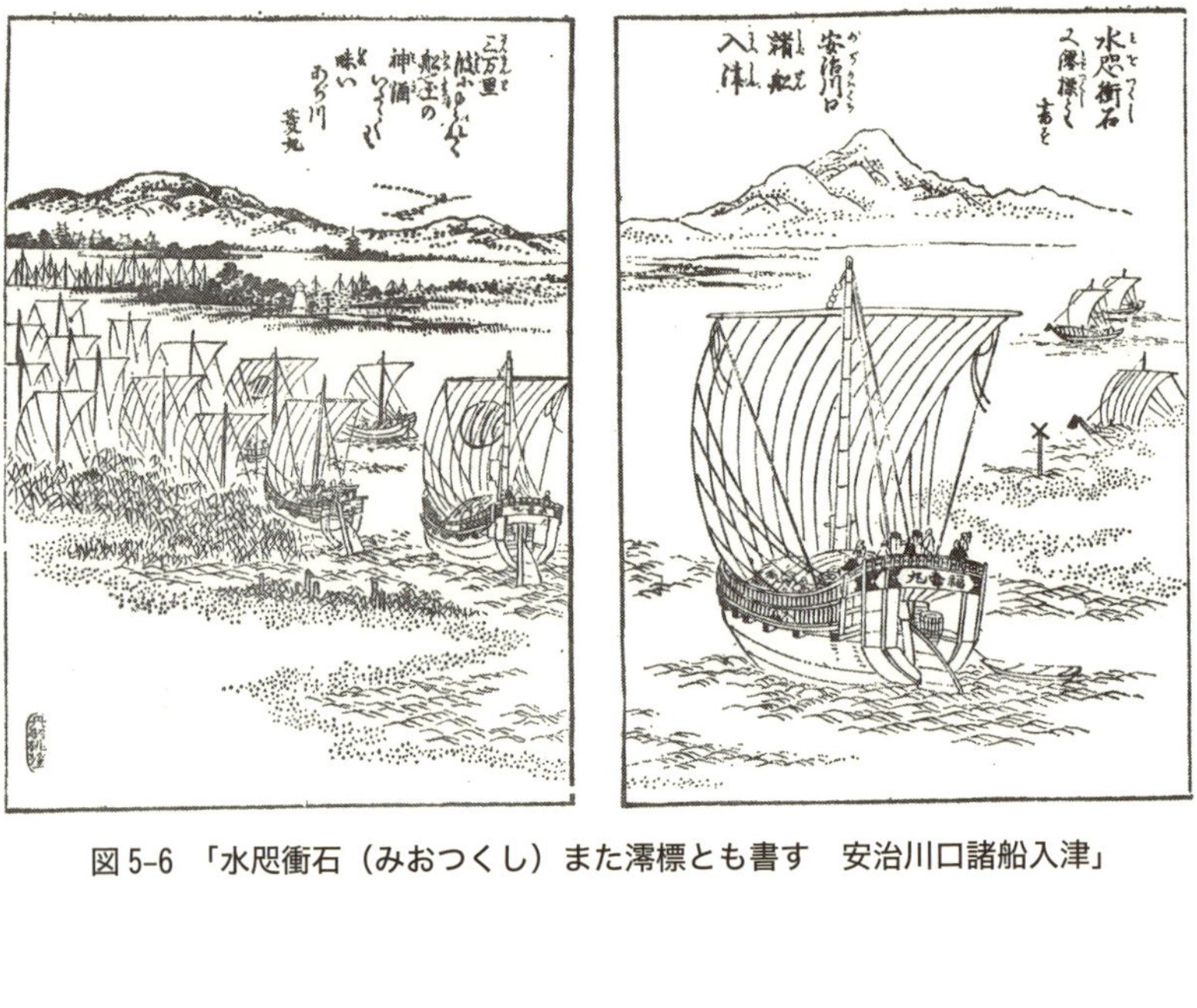

図 5–6　「水咫衝石（みおつくし）また澪標とも書す　安治川口諸船入津」

図 5-7 「大坂の北、中の島のほとり、諸侯の蔵屋敷…」

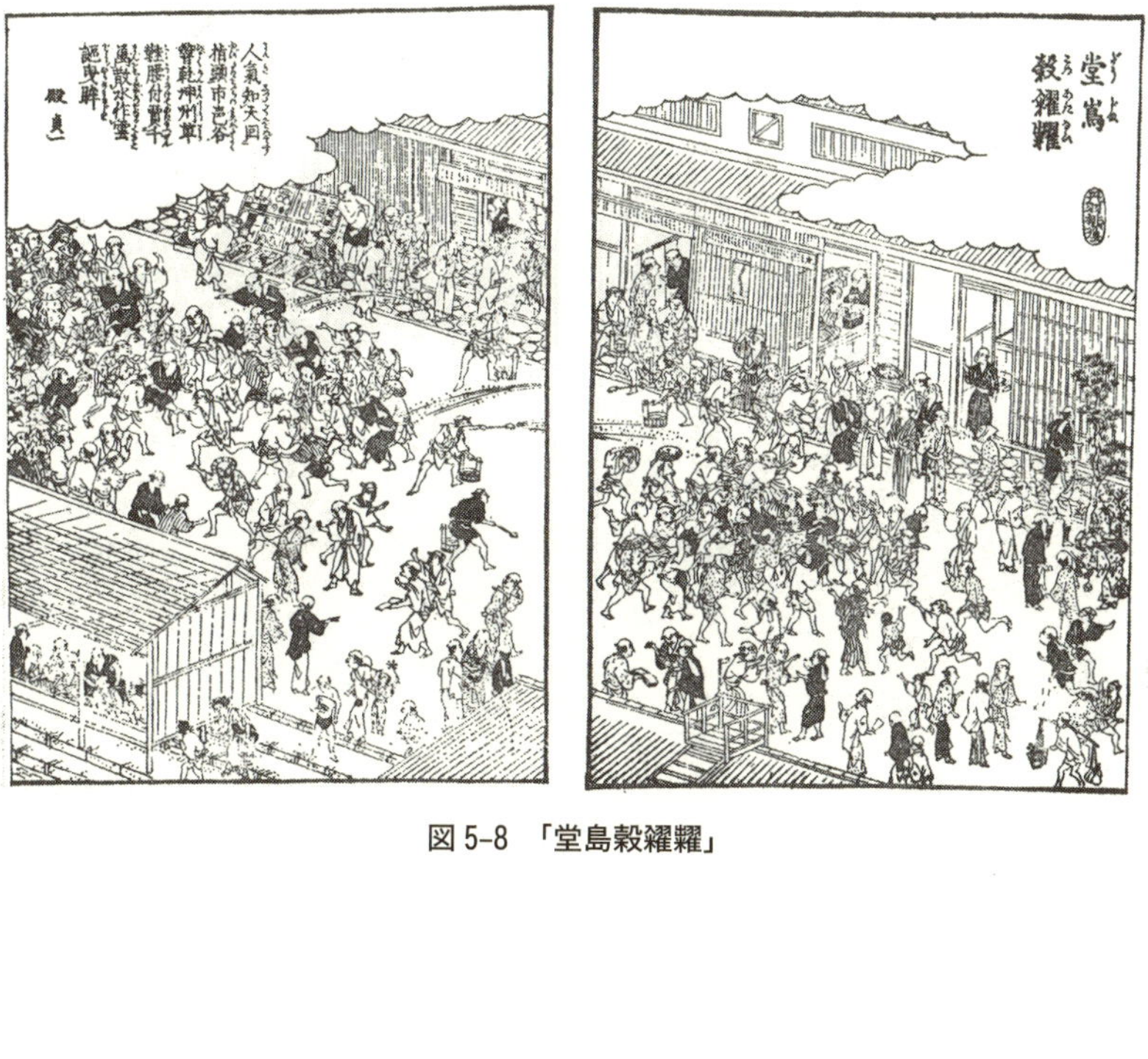

図 5-8 「堂島穀糴糶」

図 5-9 **「北瓢亭」**（『浪花百景』より。国員画）

などが認可され、数年もたたないうちに歓楽地が出現する（図5―9）。

さらに堂島の用途がビジネスセンターへと転換するなかで、遊興の地が移転したのが、曾根崎川、蜆川をはさんで隣接する曾根崎新地である。曾根崎の開発は元禄九（一六九六）年、ついで宝永年間にかけて北岸に新地が築かれる。宝永五（一七〇八）年、堂島にあった茶屋をここに移転、街区を整えて天満組に編入した。茶屋のほか風呂屋などを許可、順次、賑わいが増す。のちに官許の遊所となった。蔵屋敷に留まる留守居、出納を司っていた蔵元、両替商などが接待や商談で利用することになる。新町と同様、曾根崎の新地も近松の世話物の舞台になる。あまりにも著名な『曾根崎心中』は、元禄十六（一七〇三）年の春にあった心中事件を描いた戯曲だ。

三　悪所――遊興地の取り締まり

新町と曾根崎新地の事例は、近世の都市における遊興地の統制にあって、ふたつの典型を示す。前者は、茶屋や遊女の営業が市中に散らばることを良しとせず、集約しようという発想である。後者はあえて、新規に造成された土地の繁栄策として、遊興地の新設を特例的に認めようというものだ。

そもそも近世の都市にあっては、芝居町や遊廓などの遊興地は、常にまちはずれに排除された。興行や見世物小屋を主体とする盛り場も例外ではない。江戸の両国・上野広小路、京都四条河原、大坂の道頓堀や溝の側などを例示することができるだろう。都市の周縁部に集約して配置することで、統制の元に置くことが可能になると判断されたのだろう。

江戸時代にあって、遊興の巷がいかに統制されたのか。しばしば呈示された論点は、既成市街地内にある歓楽地を「悪所」と見なして、その立地を制限、あるいは禁止しようというものだ。

遊郭に関しては、治安の悪化、風紀の乱れを予防するという意味合いとともに、儒教思想にもとづいて現金の過度の流通がもたらす弊害が指摘された。たとえば三輪執斎《しっさい》（一六六九―一七四四）は『正享問答』にあって、「遊女町は悪党の巣穴、狡夫の淵藪也、富人を貧人にし、善人を悪人に化し、人の子を損じ、市井の手代の主人の掠めるの根本也、然らば有来れるも止度事なれ共、急に之を去ば飢寒の者の出来ぬべきも不便なれば、已得ずして漸を以処置有可に任ずべし、後世は所繁昌とて、奉行たる人之を許して、町々迄も盛ならしめる何事ぞや」と書いている。

また同時期の儒学者である大月履斎は『燕居偶筆』にあって、神社仏閣の門前など人出で賑わう場所に遊女町が開業していた京都や大坂の風潮を、ことさらに批判する。

「近年上方にては、神社仏閣人の聚る所にて必ず遊女町を建、並田舎大郷には市をなし遊女を集め、天狗、頼母子、芝居、博奕所々の溢れ者おびただしく寄集りて所のにぎわいする、是いかなる義ぞや、……芝居、遊女国家を治るの砒霜石と云ふことを知るべし、上方風俗の怠弱にして、男女とも淫乱の風俗、不義不作法を何とも思はぬ様になりたるは、全く此害によれり、黄蘗の隠元禅師此の国へ初て渡り、上方遊山所を一見して畜生国と云へり、……昔はまだも田舎は風俗堅くして、所々の国主は厳しく法度して猿牽手狂坊さへ遊民とて住居を許さず、国境より追帰したり、いづれか今は上方の淫風移りて男女いたづらになりたる、仕置者夫に心はつかて上方の風儀をよきと覚へ、人多く集まれば所の繁昌と思ふこと、さてさて大いなる了簡違い也……」

人が多く集まれば「所の繁昌」と思う「上方の風儀」に問題があるという指摘に注目したい。また山片蟠桃（一七四八―一八二一）は『夢の代』で以下のように述べている。

「元より三都その外にも御免の傾城街ありて、……市街みな是に染りて風俗あしく、子女の風みな娼女をまねびて……ここに一術あり、この業のものに御益を倍し玉ひて、其金を集められ業を改め正民となるものには大抵二三年の貯へ正業の元となるほどづつの金を与ふべし、……たいてい二三百戸まで減じたるとき、一ヶ所新傾城町を御免ありて、其余決して厳禁あらば実にやむべし、然るにかかる大造のこと三都をはじめ天下船着宿駅まで一同に命ぜられ、私に免すことなく、又同法なるべし、しかれどもこの術二三十年の功を積ざればなかるべからず」

公許の傾城町から悪しき風俗や流行が流布、風紀におよぼす害を指摘する。そのうえで一か所の「新傾城町」に集積することを説いている。分散する遊興地を整理して集約することで、市民の統制をはかることが常に議論の俎上にあったということだろう。

四　有楽の所――所繁昌と治道

対して大坂の新地開発のように、あえて賑わいを誘導しようとする発想もある。たとえば儒学者である太宰春台（一六八〇―一七四七）は以下のように書いている。

「今日本の都城は、江戸、京、大坂也、大坂は江戸より狭く、京は大坂より狭けれども、戯場、粉頭等の多きこと江戸に数倍せり、江戸は海内第一の都会にて、士大夫以下人民の数百万といふことを知らず然るに吉原の娼家、堺町の戯場の外に、戯場も粉頭店も絶えてなし、近き頃迄都下所々に在しを正徳享保の間にことごとく止られたり、従来不正の業にて、生業を営し無頼の徒、一旦に其業を失て、飢寒に及ぶ者幾千万といふ数を知らず、本より遊惰無頼の性なれば、正業を習て良民と成ることも能はず、遊惰のままにて身命を養んとするに、然るべきこともなき故に自ら博徒となり、其卒は困窮して盗賊放火の兇徒となる、是自然の理也、已むことを得ざる勢也、されば凡帝都王城には、戯場、娼家等の有楽の所を多く立置くべきこと、治道の一端也、是に三つの利あり、一つには此遊楽に因て都下繁華也、繁華は太平の象也、是なければ都下冷静也、冷静は衰微の兆也、二つには天性無頼の徒、是を以て生産を営て、盗賊放火等の悪事をなさず、定て刑に処すべきをしって悪事をなすこと、本其好む所には非ず、困窮して已むことを得ざるより起こるなり、三つには、おおよそ世間の金銀は、流行して滞らざるを善とす、彼遊楽の所多ければ、民間富豪の金銭、散出して世に流行す、遊楽の所なければ、富豪の金銀出べきことなくして、久しく府庫に蔵まる故に、世間流行の金銭少くなる、此三つは皆国家の利害也」

太宰春台の論は、都市に居住する遊民層が職を失い悪党化する傾向を問題視、遊興の振興によって都市の繁栄と平穏を確保しようというものだ。同時に財政の緊縮をはかる施策に対して、「遊楽の所」を増やすことで、経済の活性化をうながすという目的も加味されている。守本順一郎によれば、同様の発想は、松平定信の改革にともなう緊縮財政批判を兼ねた植崎九八郎、水野越前守の主導した緊縮財政に反目する梅辻飛騨守などの考えに見ることができるという。それらをふまえて、「徳川時代における放漫財政と緊縮財政との交替の事実にあって、三つの緊縮財政時代たる吉宗・松平定信・水野越前守の各時期に春台・九八郎・飛騨守がそれぞれ位置を占めることは、きわめて暗示に富むものである」と指摘している（守本順一郎『徳川時代の遊民論』未来社、一九八五）。

都市の周縁部に、新たな遊興地をいかに設けるのか。都市開発の方法論として、ふたつの姿勢があった。ひとつには、市中に散在する遊興の巷を問題視し、廓や芝居町を一か所に整理、集約するべく、受け皿となる新たな町を開く発想である。平時にあっては、風紀を乱すとされる営業は、都市の秩序を維持するうえからも市街地内から追放するべきだという意見が主流になる。ゆえに市街地の外縁、都市という集住体のフリンジの部分に、遊興の巷はかたちづくられる。

対して湿地などを埋め立てて造られた新たな土地の繁栄を振興するうえから、遊興地としての土地利用を特に認めるという考えがある。新地開発を奨励するための方策として、所かぎりの興行株・湯屋株・料理屋株を新地開発者と移住者に公布、あるいは遊廓の新設を認可するなどの手法が用いられた。私は江戸時代の儒学者たちが用いた用語に敬意を表しつつ、後者を「所繁昌」の開発思想と呼ぶことにしたい。

いずれの立場をとるにせよ、新町と曾根崎新地という大坂の先例を見る限り、都市の周縁部がおのずと遊興地の受け皿となったという点は共通している。

第Ⅱ部　陸と海のあわいで

図 6-1　堺大浜「大阪府泉北にあり・中世は殷賑を極めたる名港なり」
（『大阪行幸記念　空中写真帖』朝日新聞社、1929 年より）

6

桟橋

――陸と海との架け橋

一　栈橋でのレジャー

ピア（pier）という言葉は、ふつう栈橋や波止場と訳される。要するに船着き場であって、客船などに乗降するため、あるいは貨物を積み降ろしするために陸地と船とを結ぶべく、架けられた橋をいう。ところが十九世紀後半のイギリスの海岸保養地において、船の発着という機能だけを担っていたはずの栈橋が独特の発達をみて、リゾート都市に欠くことのできない娯楽施設に転じた。いまでも各地の浜辺に残る栈橋のおおくは、十九世紀建築のはなやかな成果のひとつに数えることができる（図6―2）。

リゾートに設けられた栈橋の典型的な事例として、たとえば一八六六年にオープンしたブライトンの西栈橋をあげることができるだろう。この大栈橋は、浜辺から海に向けて一一一五フィート（約三四〇メートル）も突きだしており、いちどに二千人が利用することができた。入場料は二ペンス、日曜日ともなると一万人もの遊客がここを訪れるほどのにぎわいであった。一八七五年の記録では、年間六〇万人の人がこの栈橋を利用したという。

栈橋の上には、みやげものや鉱水をあつかう売店があり、またカメラオブスキュラ（大暗室）、望遠鏡、日時計、有料体重計などの器具が置かれていた。当時としては珍しいものばかりである。飛びこみを見せる芸人もいた。レンズの集光作用を利用して正確に時をうつ大砲が呼びものとなった。

通例、栈橋の突端にはパビリオンが建設された。海水浴客や避暑に訪れた観光客は、海を見晴らすことができるテラスで軽い食事をとることができた。パビリオンは、それぞれに特徴的で、なおかつ

図 6-2　桟橋とパビリオン

エキゾチックな様式でデザインされていた。非日常的な空間を浜辺に生みだそうという建築家たちの意図が伝わってくるようだ。

パビリオンでは、海水浴の余興として演芸や軽音楽の演奏会が催された。一八九八年に建設されたブライトンの宮殿桟橋（パレスピア）にいたっては、鋼鉄製の桟橋上に専用の小劇場が建設されている。夜になると電灯によるイルミネーションをともして、遅くまで営業していることを売り物にする桟橋もあった。世紀末のイギリスの海浜では、いやがうえにもリゾート気分をもりあげる趣向が、桟橋という遊興空間に集められていた。

二　橋上納涼

いっぽう川を跨ぎ、両岸を連絡する橋も、レジャーの場、たとえば納涼を楽しむ空間に転じる先例は古くからある。夏、うだるような酷暑の一日が暮れゆくころ、ひとびとは家をでて水辺へ、そして橋の上へとでむいた。河川や堀割にかかる橋の上は、水面を吹き抜けてゆく涼風のバイパスであり、絶好の夕涼みの場となった。

八百八橋とうたわれた大坂も例外ではない。大坂名物の第一に数えられていたいわゆる「三大橋」、すなわち天満橋、天神橋、浪花橋などの橋の上では、納涼めあての客をあてこんで、露店商が橋の両側にズラリと屋台をならべた。絵行燈を手にした呼びこみが、三々五々、橋を渡ってゆく家族連れに声をかける。その営業品目を見ると、飴湯、葛湯、甘酒、ぜんざい、市岡新田名物の西瓜、鳴き声も涼やかな虫などである。明治のはじめには、まだカキ氷のような冷たいものを売る店はなく、腹の薬になるといっては、飴湯や甘酒などあたたかい飲物を求めるのが常であったそうだ。

それぞれの店が、欄干にもたれるように椅子をならべて客席をしつらえていた。水面を吹き抜ける風で涼みながら飲食ができるように、工夫していたのだ。夏の夜にかぎって、橋の上は仮設の歓楽街になった。見おろす川面には、おびただしい数の涼み船がゆきかう。天神祭の宵ともなれば、夜空に花火も満開となったことだろう。橋上の納涼は、浪花の夏の風物詩であった。

三　東洋一の大桟橋

日本においてもイギリスと同様、もっぱらレジャー空間として利用される桟橋が生まれる。たとえば次章で詳述する浜寺の海水浴場では、海のうえに突き出すような桟橋が架設され、多くの遊客が利用した。いっぽうで、当初は船着き場として建設された桟橋が、遊び場に転用されたケースもある。港湾施設である桟橋が、レジャー施設という性格を帯びた典型が大阪の築港大桟橋である。慶応四

（一八六八）年、大阪が開港する。しかし沖積平野にひらけた大阪の河口部はあまりに水深が浅く、大型船は沖合に停泊するしかない。荷物や人員を、小型船で内陸の川口波止場まで輸送する必要があった。この弊害を解決するべく苦慮した大阪市は、オランダ人技師ヨハネス・デ・レーケに、港湾整備の立案を委託する。できあがった計画は、大防波堤の構築と浅くなった河川の浚渫、その土砂を利用した埋立事業を骨格とするものだ。そのほか、いくつかの桟橋と繋船突堤の築造が予定された。

明治三十（一八九七）年にいたって、大阪市は総工費二二四九万円を計上、八ヵ年の継続事業として彼のプランを実施にうつす。当時の大阪市の年間予算の二〇年分にあたる膨大な額である。国からの補助金だけではとてもまかなえず、公債を発行して市民から資金を集め、ようやく建設にこぎつけることが可能になった。

この新しい港は築港と呼ばれた。そもそも「築港」とは読んで字のごとく「港を築く」という事業の名称であったが、それがいつのまにか地名としてとどまったわけだ。中心となる港湾施設、築港大桟橋が竣工したのは明治三十六（一九〇三）年七月のことだ。幅二二メートル、長さは四五五メートル、それまで小さな波止場しか見たことのなかった市民は、その規模におおいに驚いた。

大桟橋は、のちに当初の意図どおり、大阪の経済を支える重要な施設となる。しかし当初は港湾施設としては思うほど機能しなかったようだ。大型船が停泊しない桟橋は、人々に格好の余暇空間を提供した。

築港大桟橋のレジャーのなかでも、とくに人気を集めたのは魚釣りである。サヨリ、ハゼ、チヌなど、大阪湾の天然の恵みが面白いように釣れたという。朝いまだ明けやらぬうちから釣り人が集まり、桟橋を縁どるようにすわって、思い思いに釣り糸を海中に垂れた。釣り場所を探しあぐねた者は、桟

図 6-3　築港大桟橋の周囲にところせましと並んだ釣人

図 6-4　築港大桟橋

橋の板の隙間から糸を垂らすしかない。せっかく釣ることができても、隣の人の釣り糸と糸がからみあって、釣った魚を逃がしてしまうこともたびたびであった。桟橋の下の海面に小舟を浮かべて、これをねらうがめつい輩が出没、うまくとりあげてくれるかわりに、チップを要求したというから困ったものだ（図6―3〜4）。

大阪湾に突きだした桟橋は、夏には夕涼み、秋には観月と、季節ごとに格好の娯楽を市民に提供してくれる。あまりにも遊客が多かったからだろう、桟橋には商魂たくましい業者がビアホールを開業している。

日本を代表する港湾となるべく竣工した築港大桟橋であったが、当面は「東洋一の納涼桟橋」「魚釣り桟橋」などと呼ばれることになる。蔑称は同時に、それほどまでに遊客がおおかったということの証拠でもある。

四　魚釣り電車と大桟橋

築港大桟橋が完成してから二か月のちに、大阪では初の市電が市街地のはずれの花園橋（現在の九条新道）と築港桟橋のあいだを直結した。開業初日はあいにくの暴風雨で、信号灯に落雷するなどのアクシデントもあったが、花園橋界隈は各戸ごとに日の丸をたて、提灯をつるして、すっかり慶祝ムードにひたっていたという。

大桟橋の完成を機会に港の繁栄をねらって走らせた市電であったが、桟橋が遊技場と化すのに歩調をあわせて、遊覧電車という性格を帯びてしまう。この新交通システムをアクセスとして、ひとびとは築港大桟橋にくりだした。ある者は、港に入港した軍艦、大型の客船や貨物船をまぢかに見物するために、またある者は魚釣りにと、その目的はさまざまであった。埋立地の葦原には、鴨がたくさんすみついており、それを狙うハンターたちもこの電車を利用した。電車の初乗りを体験した大阪朝日新聞の記者は、「半日の休暇を海風に吹かれて愉快に暮らすには、もっとも便利な乗り物である」と書いている。

築港が魚釣りの名所であったことから、桟橋へ向う車両は「魚釣り電車」という愛称で呼ばれるようになる。長い釣りざおは市電の車内に持ちこみにくいという苦情から、釣りざお入れが運転台にとりつけられた。市電の敷設にあわせてつくられた幅三〇メートルの道路を、一両編成の電車が時速一三キロで港へ向けて走る。沿道には、近世に開発された新田がひろがっており、多くはのちに市街化がすすむ土地であった。開業当初はどこで乗り降りしてもよく、手をあげると停止してくれたというから、のどかなものである。四・九キロの全区間を四つに区切り、料金は一区一銭であった。

市内と港とをむすぶこの路線には、二階つきの車両が三両導入された（図6―5〜6）。当時としては全国的に非常に珍しいもので、市当局者の自慢でもあった。伊藤博文、山県有朋、大浦兼武など有名な政治家が来阪し港を視察するときには、この二階つき電車が用意された。市電の営業時間は午前六時から午後一〇時までであったが、午後九時になっても港へ向う遊客はなかなか減らない。とくに観月の季節には深夜になっても桟橋で騒ぐ者が多く、市電も観月電車を増発して、深夜二時まで運行した。

展望のよい二階つき電車は、市民の人気のまとであった。「二階のほうが料金が高おまっか」と聞く者、階段の下に履物を脱いで素足で階上にあがろうとする者など、慣れない電車だけにエピソード

図 6-5　市岡付近を走る二階つき電車

図 6-6　花園橋停留所付近

もおおい。停電による停車は毎度のことであり、乗客も慣れたものだ。夜に停電したときなどは、乗客が備えつけの蠟燭をたてて、動き出すまで気長に待ったという。

おもしろいのは夜間の乗客へのサービスとして、明治四十二（一九〇九）年、二階にサーチライトがとりつけられたことである。車掌が一〇馬力の発電機をギリギリとまわし、乗客の注文に応じて沿道の風景を照らしだす。かなり明るい照明であったらしく、心斎橋から照らすと四ツ橋まで光が届いたそうだ。

「心斎橋付近は料亭がならんでいて、二階では女をはべらせたお客が御機嫌のたけなわ。そちらへ向って乗客がやれやれとけしかけるので、パッと照らすと、窓から不意に強烈な光をあびせられてキャーと悲鳴があがる。乗客はどっと手をたたいて喜ぶ……」

『大阪市電廃止記念誌　市電』（大阪市交通局、一九六九）に紹介されているエピソードである。この種の悪戯が続出したらしく、過剰な乗客サービスではないかと警察から大目玉をくい、市当局は、わずか半年でライトをとりはずさざるをえなかった。

五　大浜海楼

明治末から大正時代になると、わが国でも海浜でのレジャーが大衆化する。その過程で、イギリスで発達した桟橋も具体的に紹介され、同種の納涼桟橋が日本の海浜リゾートでも設置されるようになる。代表的な例が、堺大浜に建設された「大浜海楼」である。この桟橋は、もとはといえば大阪と堺とを結んでいた鉄道会社阪堺電軌が、発電用の石炭を荷揚げする目的で設置したものだ。桟橋の完成

図 6-7　絵葉書「堺名所　大浜海水浴と桟橋」（著者蔵）

図 6-8　絵葉書「堺大浜　納涼桟橋」（著者蔵）

は明治四十五（一九一二）年七月のことであった（図6―1）。

ところが大型の貨物船が横づけし、荷を積み降ろす風景が珍しかったために、かなりの見物客が桟橋に集まってくる。これに目をつけた阪堺電軌は、この桟橋で企業広告を展開した。

やがて鉄道会社の統合に応じて、桟橋の所有者も阪堺電軌から南海鉄道にかわる。大浜公園の一帯を、海浜リゾート都市に整備するべく資本投下していた南海は、この桟橋をレジャー専用の海楼に改築することに決定した。

阪堺電軌によって石炭の荷揚げ場としてつくられた当初は、長さ一七間、幅員一間四尺のささやかな木橋にすぎなかったものを、四倍以上の長さに拡張した。同時に、浜辺側に新たに建設されたパビリオン「大浜潮湯場」と直接連絡することで、入浴客を対象とする納涼桟橋という性格を付与することにした（図6―7〜8）。

大正二（一九一三）年に刊行された『大阪新名所新世界写真帳』（大阪土地建物、一九一三）には、この大浜海楼を大浜潮湯とあわせて竜宮世界にたとえる広告をみることができる。

「大浜海楼　大浜潮湯に接続し海上に突出すること五〇〇尺延々長蛇のごとく、尖頭さらに海を包んで回廊をえがく。もしそれ夜間ここに臨めば楼上数百の大電燈は燦爛として白昼をあざむき、その光景、浴場とあいまって竜宮世界にほうふつたり。浴後、杖をひいて楼内を逍遥すれば、涼風神を払って快さらに深し。尖頭の回廊に四個の売店あり。ここにもまた軽便なる料理を調進す。」

春には桟橋からの魚釣り、夏には桟橋のうえにスクリーンを張って納涼活動大写真大会がしばしば催され、おおくの遊客でにぎわった。秋の観月会も人気を集めたという。桟橋の先端部は回廊型式になっていて、四隅に松波楼・一力・丸三・丸辰といった有名料理旅館が出店を設営した。さらにイル

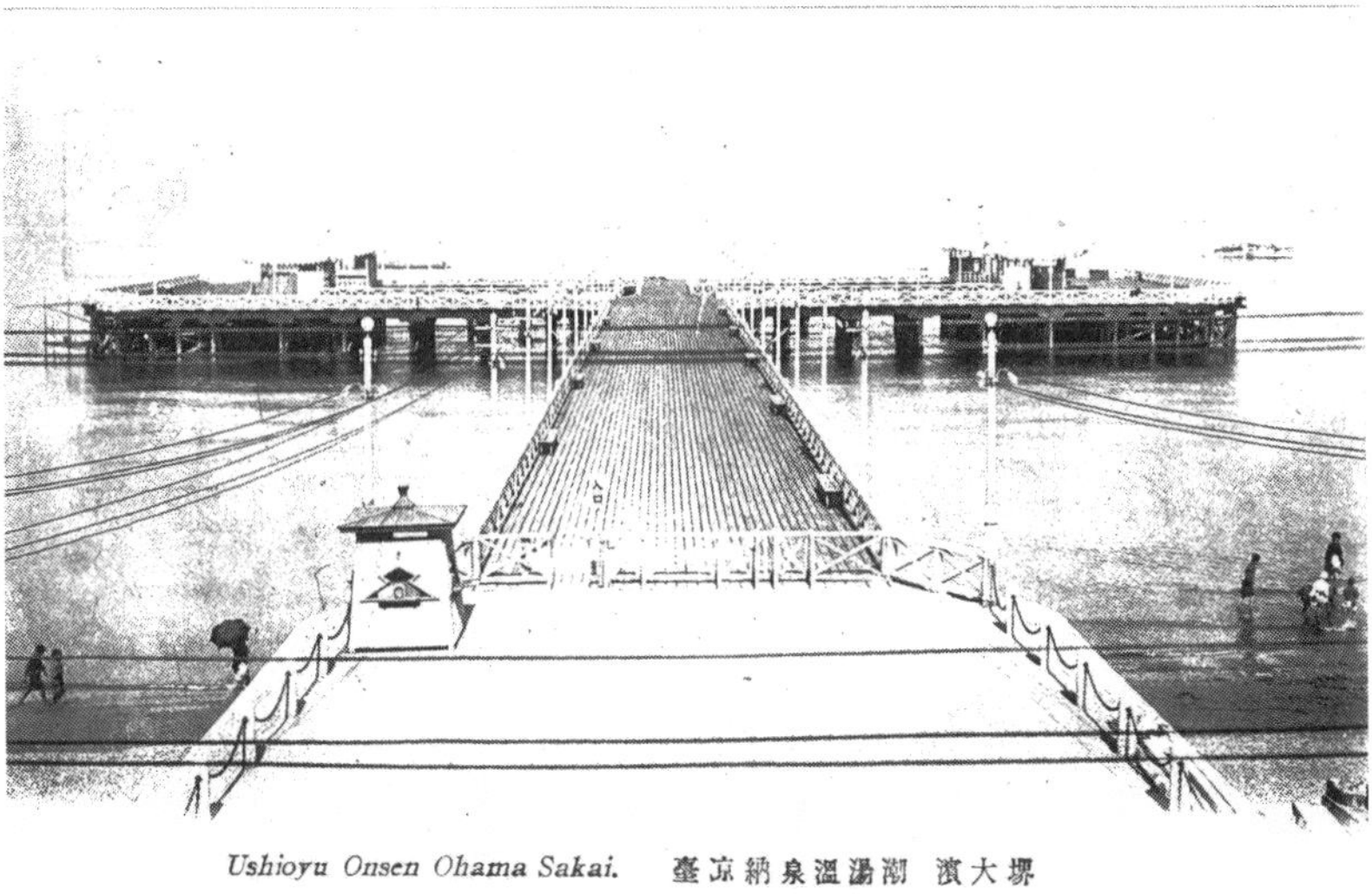

図 6-9　絵葉書「堺大浜　潮湯温泉納涼台」（著者蔵）

図 6-10　絵葉書「堺名所　大浜桟橋」（著者蔵）

図 6-11　絵葉書「堺大浜　桟橋イルミネイシヨン光景」（著者蔵）

ミネーションがとりつけられ、異世界を再現する演出が行われた。

沖に突き出した木製の掛け橋は、陸と海との境界にあって、双方の空間を曖昧につないでいた。その場に身を置いた遊客は、非日常的な感覚を覚えたことだろう（図6―9〜11）。

付記　本章は橋爪紳也『海遊都市』（白地社、一九九二）収載、既発表の文章「納涼桟橋」をもとに、補筆を行なったものである。

参考文献

・日垣明貫「大阪の橋上納涼」『上方』三一号、一九三三
・富山太佳夫「世紀末の海辺　移動する住居」『ｉｓ』二四号、一九八四
・『大阪市電廃止記念誌　市電』大阪市交通局、一九六九
・大阪読売新聞社編『百年の大阪第三巻　続明治時代』浪速社、一九七七
・山中金治『堺旧市雑記録』私家版、一九七九
・川島昭夫「リゾート都市とレジャー」『路地裏の大英帝国』平凡社、一九八二
・小林章夫『地上楽園バース』岩波書店、一九八九

図7-1　絵葉書「大阪毎日新聞社主催　浜寺海水浴場光景」（著者蔵）

7 リゾート——鉄道と別荘

一　松の浜寺

わが国の近代にあって、海浜リゾートがいかに開発されたのか。ここでは大阪湾岸、堺高師《たかし》の浜に誕生した浜寺の履歴をたどってみたい。浜寺という美称は十四世紀にまでさかのぼるようだ。後村上天皇の治世のとき、この地に大雄寺が建立、人々は「浜の寺」と呼びならわした。もっとも荘厳な大伽藍も南北朝の内乱で戦火に包まれ、堂宇は灰塵に帰す。ただその残像が地名となってこの地にとどまった。のちに宝永年間（一七〇四―一〇）、隣接地に田畑を開墾、強い潮風から守るべく、南北二四町、東西八町の松林が造成された。防風林は歌に詠じられる名勝になる。

明治五（一八七二）年、失業した士族授産の名目で、この由緒ある松林は払いさげられる。残木二六三九本のうち一七九一本が伐採され、名勝は危機にさらされた。明治六（一八七三）年の夏、乱伐の惨状を目にした大久保利通は「おとにきく高師の浜の浜松も　世のあだ波はのがれざりけり」と詠じ、風致を保全するべきだと説く。これを受けて堺県令は、同じ年の十二月二十四日、海岸一帯を占める南北一二九〇間東西平均八〇間、四六ヘクタールもの広大なエリアの保存に動き出す。まず伐採を中止させて、残る八四八本の償金六〇六円八〇銭を払い、公園として「人民遊観の地」とした。『浜寺公園誌』では「吏員を置き以て公園の監督修補に従はしめ殊に其伐採の地域を首とし其の他の地点に於ても更に稚松を増栽」した結果、かつての姿に復したという。白砂青松を守る契機となった大久保の歌は、のちに府知事西村捨三の手で「惜松碑」に刻まれた。

二　初期の浜寺公園

明治十四年、堺の廃県にあわせて公園も大阪府の管理するところとなる。明治二十一（一八八八）年六月（一説に明治二十二年三月）、大阪府知事建野郷三は公園の松林のなかに海浜院を開設する。当時、都市衛生の観点から海水浴の効用が紹介され、江ノ島や大磯、須磨や舞子を始め各地に海水浴場が建設されていた。大阪にあってその必要性を説いた建野は、浜寺にみずから保養施設を設けることにした。この海浜院は、「自家の別墅《べっしょ》の如く一方には知己来遊の便を謀る」（『浜寺公園誌』）と評価があるように、公園内の料亭の嚆矢と位置づけられる。しかし明治二十年代は、公園はさびれていたようだ。『浜寺公園誌』では、「公園地内において二、三の茶亭を見るに過ぎず、すでに世人健忘のはなはだしき。往古の高師の浜の何処なるを知らず、口に古人の詠歌をもてあそびて、しかしてその処のいずれなるを解せず」と述懐する。海浜院も、民間人に委ねられた。

明治三十（一八九七）年に転機が訪れる。大阪と和歌山を結ぶ南海鉄道（現南海電鉄）が開通、公園の東に浜寺公園駅が設置されたのだ。大阪や堺からのアクセスが簡便になったことを受けて、公園内の土地が民間の料理旅館に貸しだされた。翌明治三十一年の三月には、当時、堺大浜公園にあった一力楼が支店を進出させる。二階建の主屋に五三の客室、九席のはなれを有していた。翌月には、一力楼の北に大浜の川芳楼が支店を、大阪新町の料理旅館「なんや」が寿命館を開業させている。

『浜寺公園誌』の付図に、松林のなかに和風の旅館建築が点在する往時の様子を知ることができる。また浜辺近くには、大鳥神社の社殿が描かれている（図7―2）。『浜寺公園誌』にある寿命館の項を

見ると、「建築きわめて精巧をつくし、かつすこぶる雅致あり。楼上楼下の眺望はむしろ一種の趣ありて、またもっとも閑静をきわむゆえに風流の客来たりてここに遊ぶもの多く、いわく囲碁、いわく書画、いわく謡曲、いわく歌舞、諸会みな適せざるなし……」とある。松浜館・旭楼・松川庵・鶴栖家・松風園などの貸席もあいついで営業をはじめたようだ（図7―3～4）。

かつての名勝地の景勝を復旧しつつ、鉄道の開通の影響で、公園地が遊山地へと急変した様子を宇田川文海は明治三十二（一八九九）年、『南海鉄道案内』で次のように記している。

「南海鉄道の停車場を浜寺に置くことになったから、この公園の地所

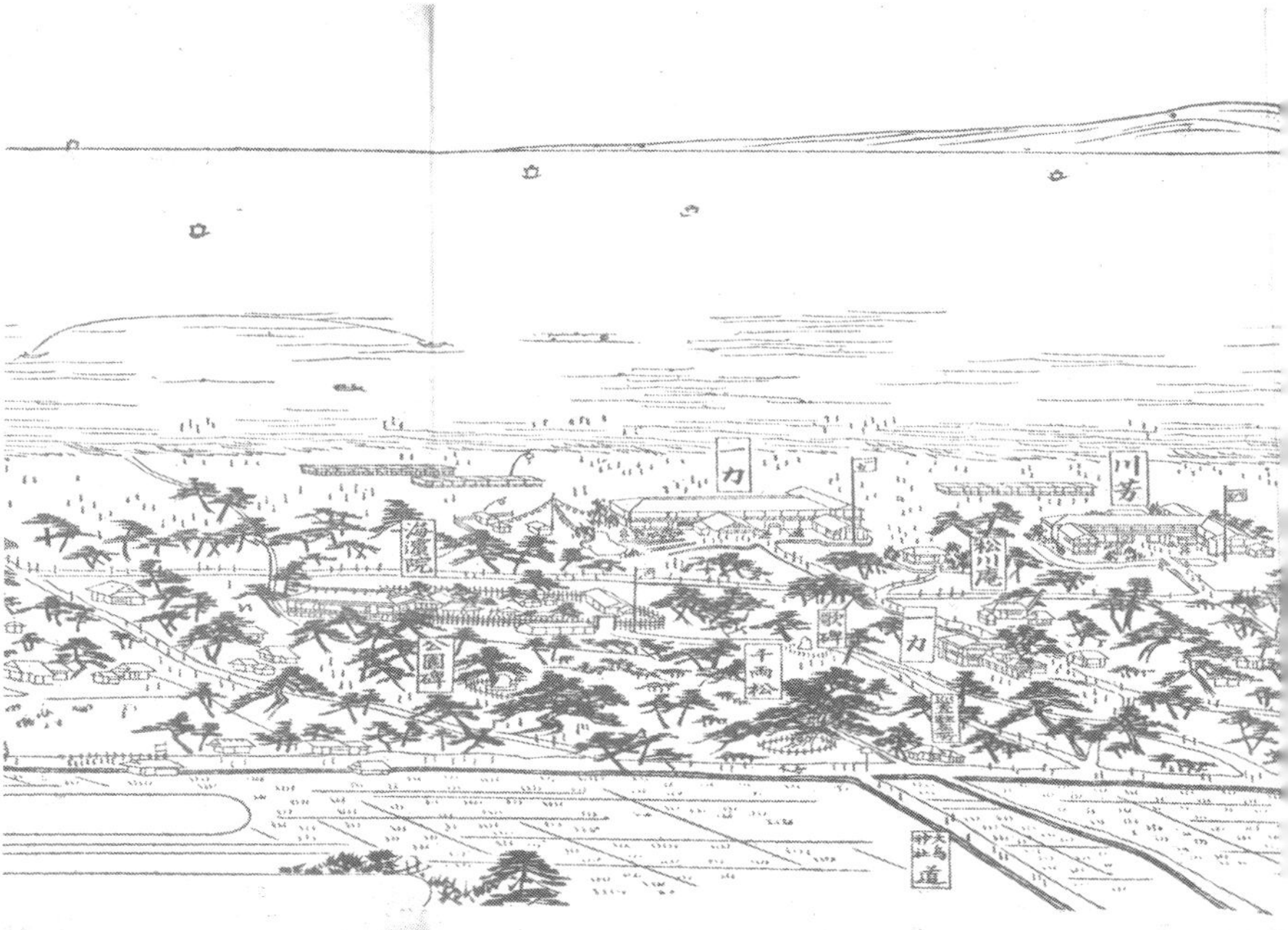

図 7-2　浜寺公園（『浜寺公園誌』付図）

借用を願いでるものおおく、すでに貸し下げになった坪数は一万八〇〇〇坪以上、おいおい旅館・酒楼・茶店を新築して、ところどころに楼台や、はなれざしきを設け、また鉄道の便をかりて、北は大阪、堺、南は貝塚、岸和田より、遊客日夜に群集して、わずかの日かずに、いまは大浜公園と繁華を争うようになりました。」

　先の図を見ると、浜辺に簡易な茶屋が何軒も営業をしていた様子が判る。公園に沿って伸びるこの細長い砂浜は、そもそもは陸軍省の管轄下にあり、大阪砲兵工廠で鋳造された大砲の試射場と位置づけられていた。しかし通常は大阪府に管理を託し、のちに日本体育会が一部を借用した時期もある。また日露戦争ののちに

図 7–3　料理兼旅館一力楼（『浜寺公園誌』）

図 7–4　料理兼旅館川芳楼（『浜寺公園誌』）

は、高石村にロシア兵の捕虜収容所を設けたことから、見物客が参集することもあった。

三　別荘群から住宅地へ

『浜寺公園誌』の付図を見ると、料亭などに混じって、少し小規模な木造家屋が描かれていることに気がつくだろう。実は公園内の土地を茶店名義で借り受けつつも、実際は営業をせずに住居を建設して夏期の避暑に使う実業家や高級官僚がいたというのだ。そのからくりは、明治四十（一九〇七）年七月、『大阪平民新聞』にある「奇怪なる公園」と題する論説記事に詳しい。

「茶店という名義で百有余万の大阪府民を瞞着し、公園地の真中に思い思いに別荘を建てならべ、万民平等の遊覧所、日本人民総体の先祖から譲って貰ったこの景色を金のあるに任せて、わがもの顔に占領し、多数平民の娯楽を奪ふといふ悪事……」「……公園は何のために設けたものであるか、いうまでもない大多数の平民、中等以下の社会、貧乏な人々すなわち吾等のために設けたもので、金持や紳士どもには別に用の無いはずである……」

公園が別荘に占有されていた状況を物語る。もっとも『泉州浜寺誌』の記述によれば、明治末には公園内の住居は二〇～三〇戸に過ぎなかったが、大正十（一九二一）年ごろには公園内の別荘は一三〇戸を数えるほどに増えている。大正時代になると、煤煙のふりそそぐ都心を離れ、環境のすぐれた郊外で居住することが流行する。浜寺も高級な郊外住宅地として、人気を得たということだろう。昭和初期における浜寺公園を示す図面に、邸宅や別荘は○印で示されている（図7―5）。この図からも初期の浜寺は計画的な市街地ではなく、公園を借用した料理旅館や別荘が集積することで、おのずと

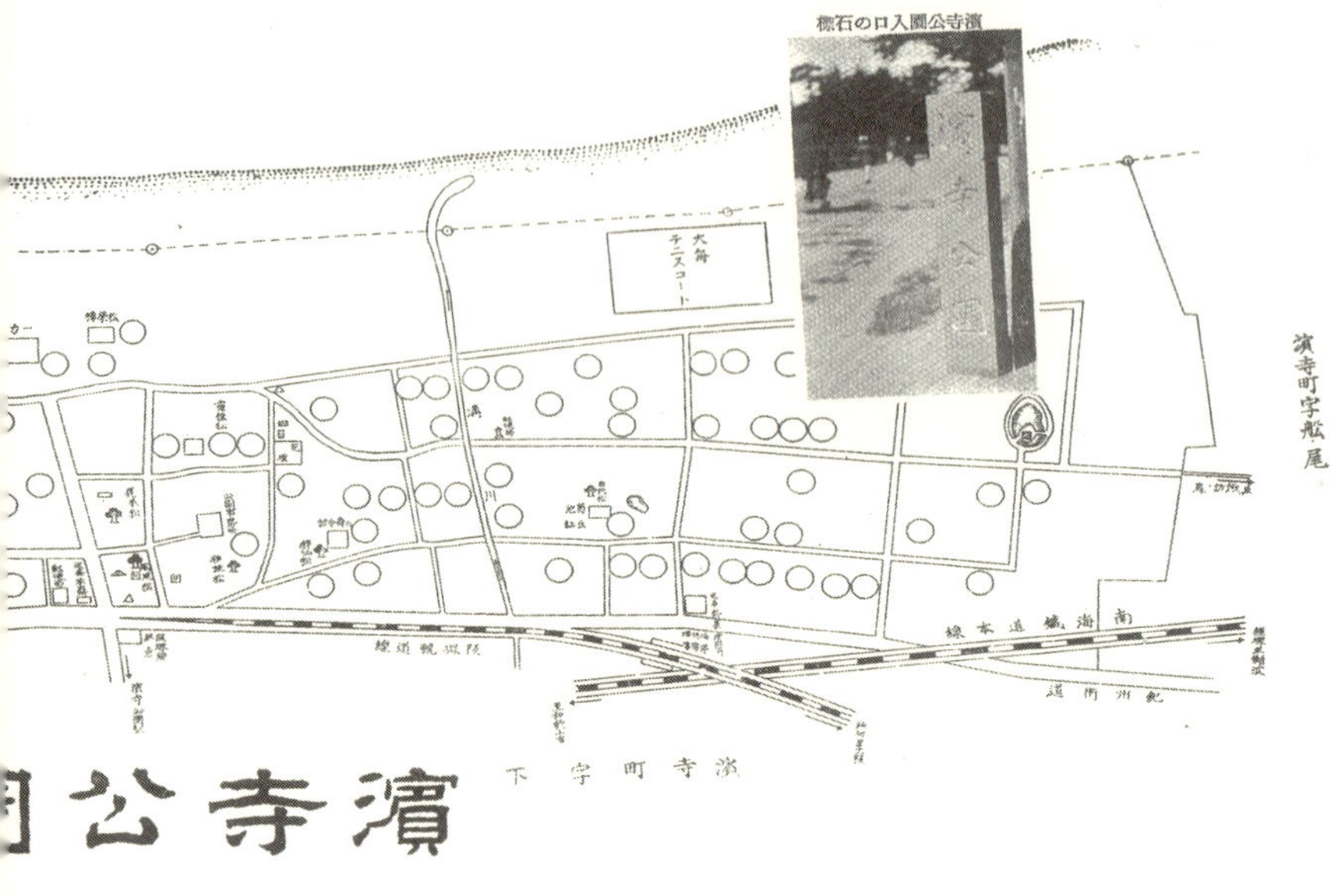

かたちづくられたリゾートであったことが判る。当時の絵葉書を見ると園内に音楽堂などの施設が整備されているほか、明治時代から営業を継続する料亭や療養所のほか、企業が保養所を設けていた様子がうかがえる（**図7―6〜8**）。

しかし公園内だけでは、宅地に適する場所も限られる。そのため大正七（一九一八）年七月、外山捨吉・橋本喜作といった地元の地主たちは資本金百万円を共同で出資して浜寺土地株式会社を設立、公園の東に隣接する耕地三万一千坪あまりを整地、区画整理を施したうえで分譲した。また近傍の海岸沿いでも、諏訪の森駅前の北浜寺土地（大正八年六月設立）、高師ヶ浜駅前の南浜寺土地（大正九年二月設立）などの土地会社が宅地経営を行なった。大正十（一九二一）年の資料では、公園近くに六六〇戸もの別荘や邸宅があっ

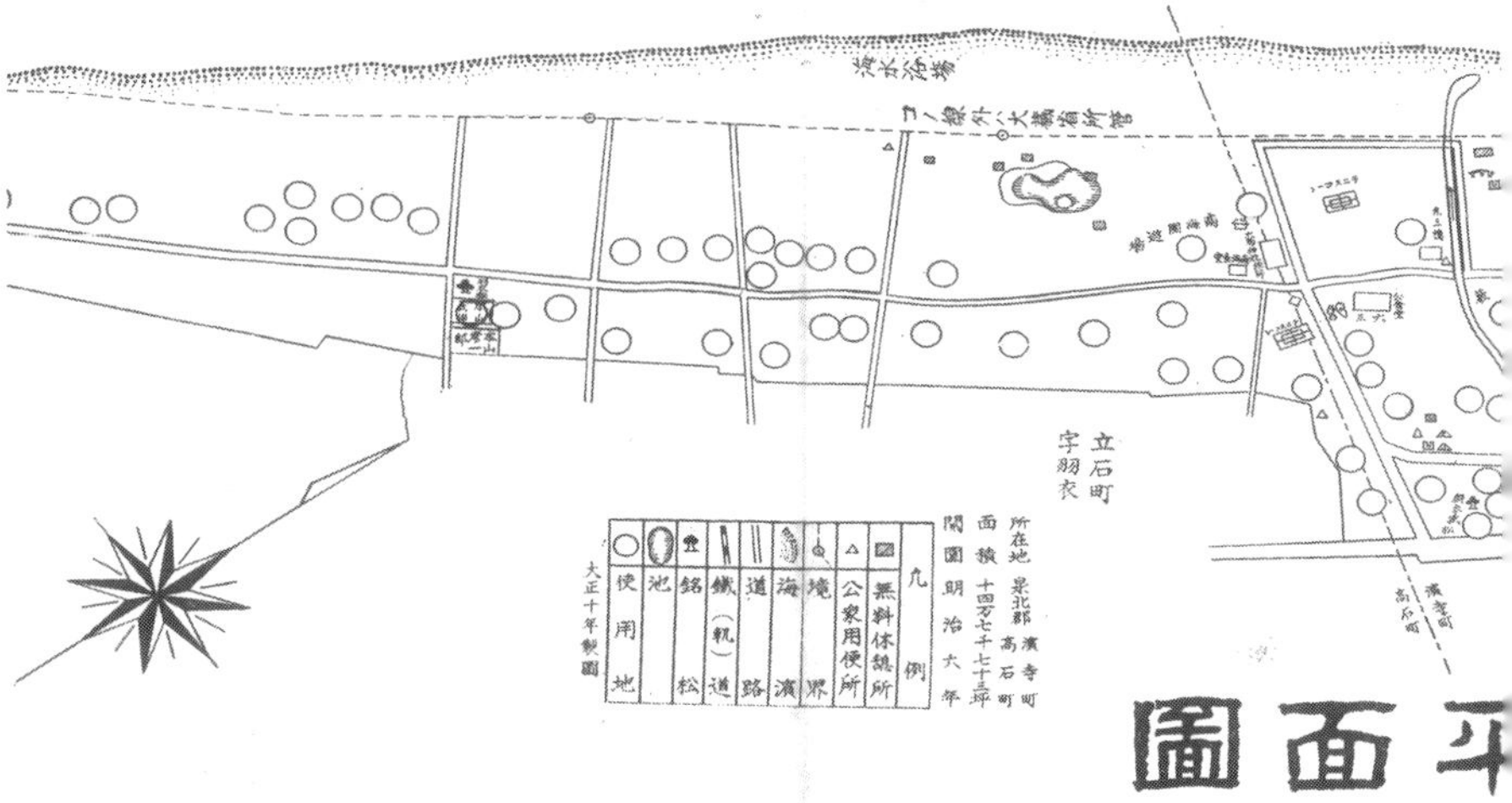

図 7-5 浜寺公園平面図（『浜寺海水浴二十周年史』）

たとされる。別荘地であった浜寺は、本宅を構える富裕層の増加に応じて、高級住宅地という風格を整え、問題視された公園内の別荘は、順次、近傍の宅地に移ったようだ。

昭和四（一九二九）年四月、『大阪朝日新聞』は「沿線カラー」と題するコラムを連載、大阪を母都市として放射状に展開する各鉄道沿線別に宅地開発の現況と地域ごとの特色を分析する。十日付の記事では「諏訪ノ森から浜寺、高師ヶ浜一帯は数年来住宅地として発展し、大阪財界に活躍する紳商連の宏大な建物が年を追うて増加し、夏季の海水浴時分には、このあたりの家賃は一躍倍額となるありさまで、風景の美をもってほこった浜寺も、近年は非常に俗化してきていて……」とある。

金融恐慌直後のことであり、住宅産業

濱寺名勝　（音樂堂附近）

図 7-6　絵葉書「浜寺名勝（音楽堂付近）」（著者蔵）

大阪濱寺石神病院病室　（戸ニ夢想窓ヲ有ス）
Method of Ventilations, Villa Ishigami Sanatorium, Hamadera, Osaka, Japan.

図 7-7　絵葉書「大阪浜寺石神病院病室（戸ニ夢想窓ヲ有ス）」（著者蔵）

図 7-8 絵葉書「合資会社 日柄喜」（著者蔵）

に対しても厳しい不況の風が吹き荒れていた。南海沿線も例外でなく、はやくから開けていた天下茶屋・岸の里・住吉にかけての住宅地は空家がめだつようになり、好況期に大量の投資をおこなって貸家を建設した家主たちは困惑した。さらに堺大浜ちかくに広大な宅地開発予定地をかかえていた土地会社にいたっては、整地のめどすら立たず、空き地のまま放置しておくしかなかった。

そのなかにあって、特権階級のための避暑地という地位が確立されていた浜寺は事情がちがった。世間の不景気とはまったく縁がなく、土地会社の経営も順調であったようだ。南海鉄道も沿線開発をうながす目的から、大阪や堺から浜寺に移り住んできたひとびとに対しては好意的で、特別の割引定期を発行するなどのサービスをおこなっている。

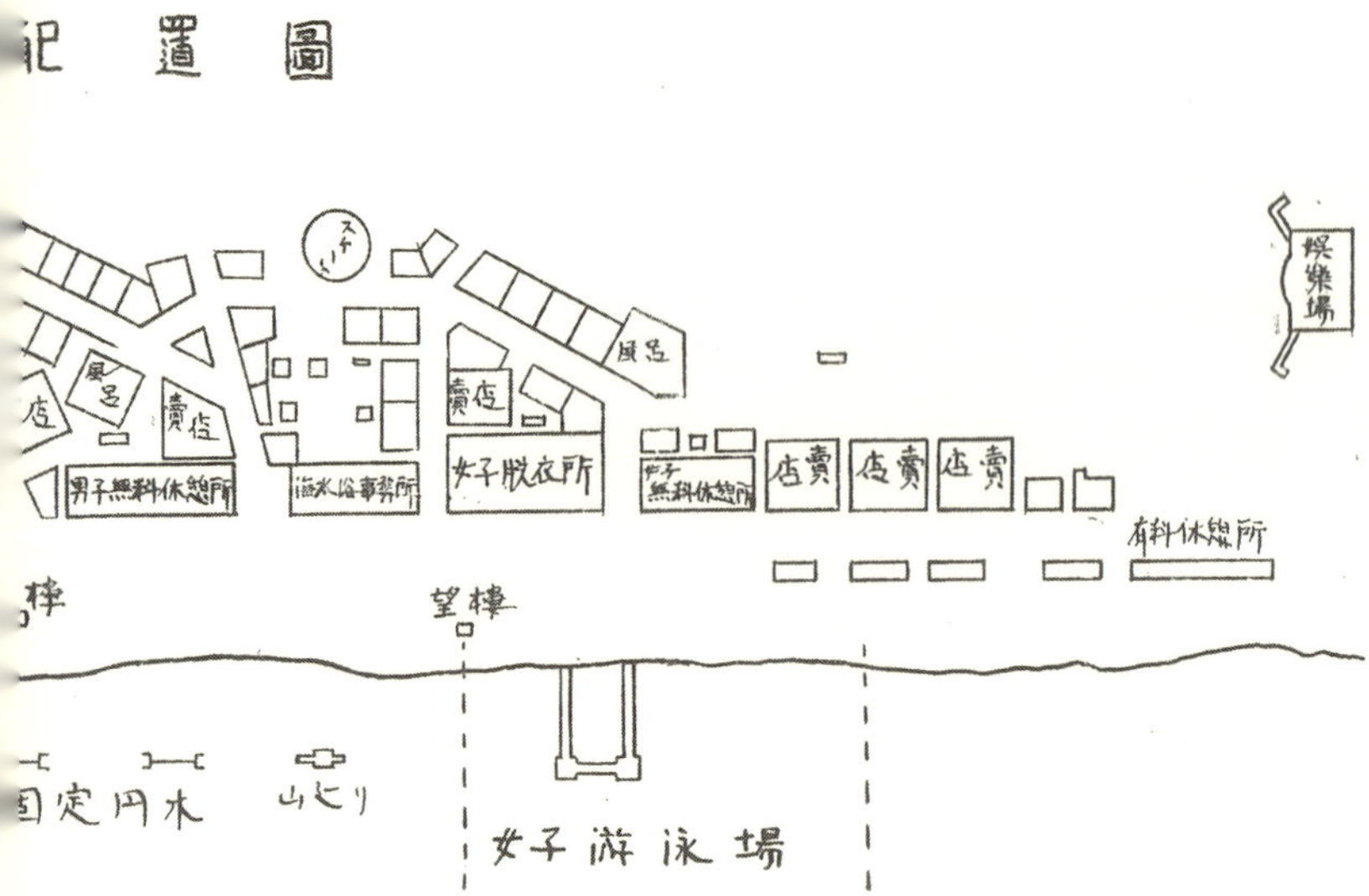

四　海水浴場の大衆化

やがて浜寺は、別荘地ないしは高級住宅地でありながら、庶民的な行楽の場でもあるという二面性を持つようになる。

明治三十八（一九〇五）年夏、南海鉄道が民衆向けの海水浴場を経営したことが転機となった。大衆化を仕掛けたのが南海の専務大塚惟明である。彼はかつて讃岐鉄道に在職していた頃、県営栗林《りつりん》公園の観光地化に成功した実績があった。南海鉄道に転じて沿線開発を企図するなかで、注目したのが府営浜寺公園である。この地に多数の遊客をいざない、鉄道の事業収入を増やし沿線の活性化をはかろうとした。

しかし初年度の成果は思わしくない。本格的な海水浴場の運営にはパートナーが必要だと痛感した大塚は、二年度からは、本

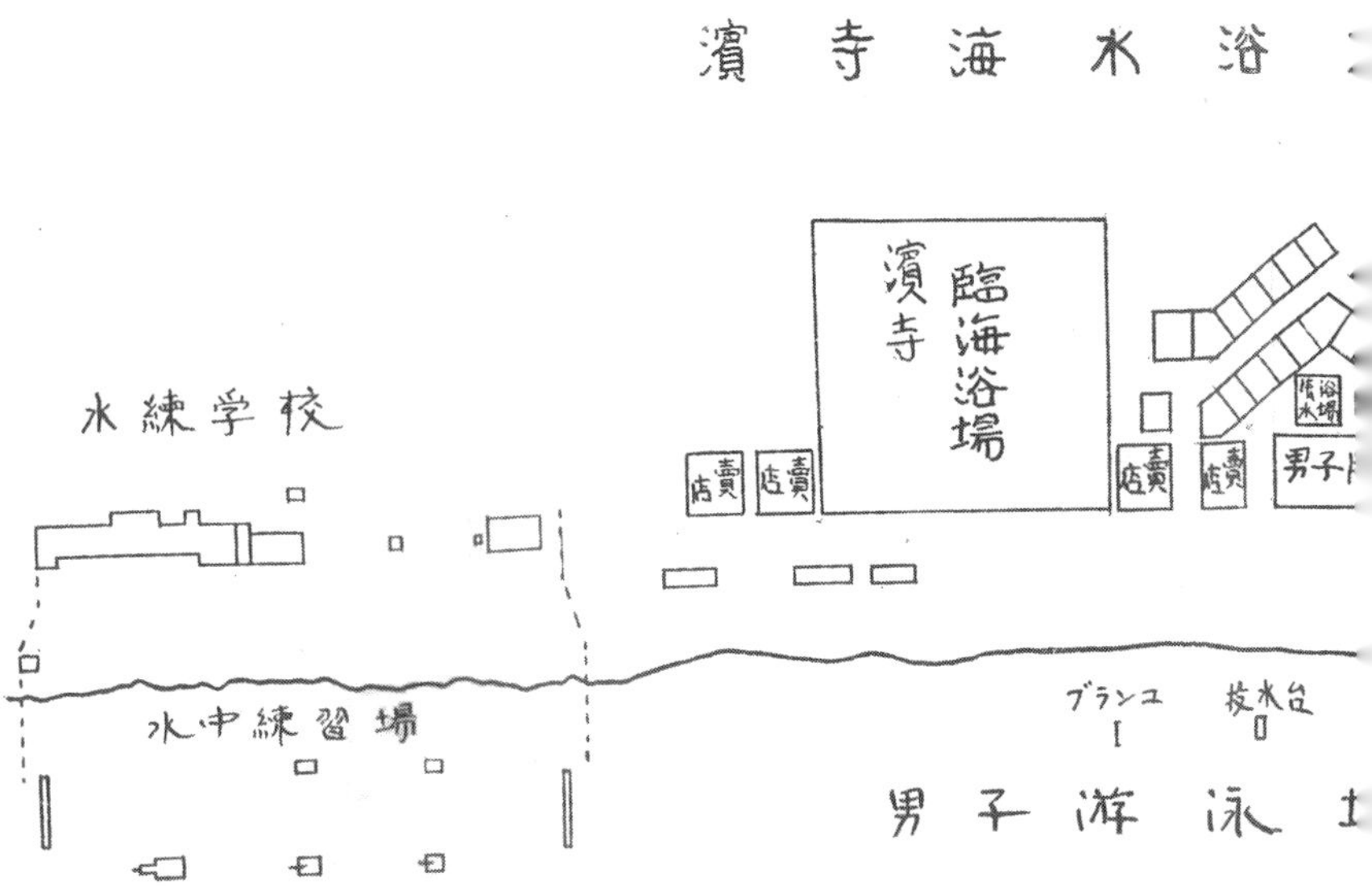

図 7–9　浜寺海水浴場配置図（『浜寺海水浴二十周年史』）

山彦一が率いる大阪毎日新聞に協力を求める。明治三十九（一九〇六）年七月一日、初日の人出を翌日の紙面は報じている。

「午前中にはさしたる来衆もなかったが、午後からは列車の着するごとに数十数百のお客があり、来るが早いか、背に赤の社章のある清らかな襦袢ひっかけざま飛びこむわ飛びこむわ、ザンブとばかり、たちまちにして海面はそのところ彼のところに白襦袢麦わら帽の見えつ隠れつつ浮きつつ沈みつつ、瞬間にほとんどいっぱいの大景気、その多数は本社のあらかじめ浮かしておいた大筏にとりつき飛びあがり、さながら亀の子の背を干すよう、果てはエイエイ声してこれを覆し、這いあがるを押し落すなど、イヤモウ無邪気に打ち興じていた」

宣伝効果は絶大で、浜辺は連日群衆でごったがえした。往復割引切符を大阪市内の新聞舗で売り出したことも人出をあおっ

図 7-10　**絵葉書「浜寺海水浴場」**（以下、図 7-12 まで同じ。著者蔵）

図 7-11（著者蔵）

図 7-12（著者蔵）

た。七月十七日の披露会には一万二千人、八月十三日の浜寺デーには二万人を超える遊客があった。浜には南海が新調した五つの巨大なテントが張られた。第一は海泳練習場、第二は大毎・南海の事務所、第三と第四は男子脱衣場、第五が婦人脱衣場である。テント内には、小奇麗なベンチと縁台が置かれた。海水面は幅二五間の水面をブイで三区にわかち、第一区を海泳練習場、第二区を男子海水浴場、第三区を婦人海水浴場と定めた。水上にはブランコや投水台などの設備もあった。『浜寺海水浴二十周年史』にその配置図があり、また多くの絵葉書に往時の様子を知ることができる（図7―1、9～12）。

また鉄道会社と新聞社は、当時はまだ一般にはなじみの薄かった「海水浴」という習俗を普及するべく各種のイベントを企画した。初期の事例を列記するならば、明治四十（一九〇七）年には軽気球の実演や、鎧甲冑を身につけた戦国武将がホラ貝や陣太鼓の響きのなか模擬戦闘を実演する「古代戦闘」、明治四十一年には海上相撲大会、花火大会、盆踊り、翌四十二年には学生相撲大会、学術講演会、ヨット競技会、飛行船の実演が実施されている。「旅順の軍艦の焼きうち」「青島陥落」「ドクロ砲戦」など、大陸の戦況を再現する仕掛け花火が人気を集めた。落語家による仮装行列、闘犬大会、戦国時代武者行列、伝書鳩の競技会などユニークな催しが行なわれた年もある。浜辺にはイルミネーションが灯され夜間営業もおこなわれた。イベントの運営にあっては、「俗悪なものを避けて無邪気に人の耳目を娯《たのし》めるもの」を選んだと、大塚惟明は懐旧している。

鉄道会社を全面的にバックアップし、海水浴場の経営に参加した大阪毎日新聞社は、どのような意図をもっていたのだろう。明治三十九（一九〇六）年六月十五日付の『大阪毎日新聞』をひらくと、海水浴場の開設を宣伝する社告が掲載されている。そこには新聞社の目的がたからかにうたわれている。

引用しておきたい。

「時運は国民の海上発展を促しつつあり、海事思想の養成まず急にして、これがためには国民特に青少年の男女をして、海を知り海とあい親ましむるに如《し》くはなし、しかしてこれが方法としては海上遊泳を学び、もしくは海水浴の習慣を養うをもってもっとも簡易なる手段とす。しかるにわが国従来の海泳、海水浴場は贅沢なる一種の避暑地たる観あって、一般公衆のためははなはだ便ならず。自然これがために国民の多数をして海と接触するの機会を逸せしめつつあるは遺憾なり。」

「英国はさすがに海国の本家だけあって、海に近き各市区には海岸いたるところ海泳・海水浴場の設備あり、夏季中は海岸に幾多の繁栄する臨時大市街を現出するを例とす。……斯くのごとくにして英国国民は幼少より、知らず知らず海事思想を鼓舞されつつあるなり。わが大阪の地、海に近くしてしかして海に親しむべき機関を備えず海事の思想したがって浅薄ならざるを得ず。よって本社は英国の海遊と本邦海水浴場の欠点とに鑑み、本年の夏季を利用して多数男女の来遊に適せる平民的海泳練習所および海水浴場の新例を啓かんとす。」

ここに記されているように、浜寺に海水浴場を設置する大阪毎日新聞社のねらいは、まず第一に「海事思想」の重要性をひろく啓蒙することにあった。そのためにも英国人と同様に、水泳や海水浴を上流階級の「贅沢」とせず、誰もが子供の頃から海に接し、四方を海に囲われた国の姿を意識させることが望ましいというわけだ。そこで海水浴場に、「平民的」をうたう海泳訓練場、のちの水練学校を併設することになる。都市衛生思想から派生した海水浴という健康法を大衆化し、水泳とともに避暑の習俗を民衆の手に解放した点において、浜寺海水浴場の経営は斬新であった。

もっとも、その当初のあいだは新聞社の思惑に拘らず、従来通り、浜辺に遊山気分で遊びに出向く富裕層も目についたようだ。『浜寺海水浴二十周年史』に掲載されている南海の大塚惟明の談話「南海鉄道の浜寺経営」には、「……大阪毎日新聞社がこの海水浴を開いた趣旨は市民の保健及び体育等のためであつただらうけれど、当初海水浴に来るものは娯楽の意味が七八分で物見遊山のやうな気分で白粉をつけた化粧のものを連て来るものが多く、売店の簡単な料理よりも料理屋で遊ぶといふ連中があって海水浴の期間に弦歌の声が絶えなかった……」という懐古がある。

しかし二、三年が経過するうちに、裕福な人々の習慣であった避暑や海水浴は、先に紹介したように新聞社のもくろみどおりに見事に大衆化する。カレーライスの代金に相当する一八銭の小遣いと割り引き切符、手拭いを手にした店員たちが大挙して押し寄せるようになったのだ。大塚は、従業員が海水浴に出向くことに対して眉をひそめていた商家の経営者の意識が転換したことを強調する。「……店員達が空気の流通の悪いうす暗い家から飛び出して青天井の下で新鮮な海気を呼吸して海水遊泳で身体を鍛へるので一週間も海水に浴するとその年は感冒に罹らない、また色は真っ黒になるが筋骨は逞しくなる、ソコで町家の主人も海水浴の効能を認め毎年小僧達を幾組にも分けて順番で海水浴場に送るやうになり続々出掛て来た」と述べ、「……不衛生的なる大阪市における一個救世的事業を初めたるもの」と考えるようになった。浜寺における海水浴は、「好奇的贅沢的のものは去って実用的のもの」となったと述べている。

そのうえで大塚は海水浴場の経営面に触れている。鉄道会社としては採算があうわけではないが、大阪市民に支持された「衛生的常設機関」となって年々発展している。社会問題を引き起こしかねないので廃止するわけにもゆかず、不採算であるが社会奉仕として行っていると強調する。仕掛けた本人が、海水浴場が「都市の衛生的および社会的施設」となるのは「意外の産物」であったと述べるほどの盛況であった。もっとも大塚には、公共の土地である海浜や公園を期間を限って租借して、民間が海水浴場を運営することの限界が自明であったのだろう。この海水浴場の所在地が従来の管轄を離れて自由の経営を許されたとしたら、将来は米国のコニーアイランドのような常設の設備を持つ「東洋唯一の大海水浴場」として完成される時期が来るだろう。米国にあって先行した海浜リゾート都市の先例を挙げつつ、このような感想を述べている。

五　健全なるホームとしての新開地

海水浴場の大衆化と並行して、鉄道会社がさまざまな施設群を公園内に配置していった点に注目したい。明治四十一（一九〇八）年の春に竣工した南海直営の公会堂は一二一四坪、ビヤホールを兼ねており、大毎主催の活動写真や講演会、演芸会なども催された。地域住民の葬儀や集会にも利用された。公園内外の居住者は、五日会・浜寺会などの倶楽部を組織、公会堂の階上をクラブハウスとして利用、避暑地での社交を楽しんだ。いっぽうでスポーツ施設の充実もはかられた。明治四十一年以来、全国中等学校庭球選手権が浜寺で開かれるようになった。南海鉄道は米国のフォーレストヒル庭球場をモデルに、コート二面と五千人収容の馬蹄形の観覧席を有する本格的なテニスコートとクラブハウスを新設する（図7―13）。

図7-13　絵葉書「浜寺名勝（浜寺テニスコート）」（著者蔵）

いっぽうで大阪毎日新聞社はテント村を経営した。大正十一（一九二二）年を初年に、おおよそ六週間にわたって、白砂青松の浜寺の海浜に四〜六人が過ごすことができるテントを五五張ほど用意した。その設立趣旨が面白い。人智が進むに連れて生活はだんだん複雑になる。畳の上で満足していた生活も、椅子やテーブルがなければ承知できないという空気になった。必要でもないのに見栄や外見から装飾することも多く、結果、生活は次第に贅沢になる。一般の識者は生活改善の声をあげ、いっぽうで「虚飾を去れ、真実に帰れ」と強調する「むだせぬ会」と称する団体が東京や大阪に出現した。大毎の本山社長がその主唱者であったことから、その実践として、少しの無駄もない極力簡易な生活を体験するべくテント村を経営することになったのだという。

『浜寺海水浴二十周年史』では「……大厦

高楼に生活しているために起こる心配――火事が起こらねばよいが、泥棒が入らねばよいが、ここにピアノを据えておきたい、あそこに時計を飾りたい、座敷はどう、庭はかう――と明け暮れ心配したことに比べて、どれだけ暢気で又どれだけ心に自由を与へられることか……かういふ簡易な生活を一週間も経験する時――今までの生活にむだの多い事が理解される、モット自分等の生活を簡素にせなければいけない事が会得される……」とテント生活の意義を強調している。テント村は「自由の国」をうたった。入居者による互選で代表者を選んで「村会」を結成、村の決まりを定めた。村内には居住用のほか、食堂、娯楽室、村役場などのテントがあり、娯楽室は裸で使用しても良いという約束があったという。「裸は実にこの村のユニフォームで一切の飾り気なく、赤裸々で身分も、地位も、財産も一切平等に親み合うのみである」と書いている。フラットな人間関係を重く見る社交クラブの仕組みを前提に、米国各地にあったテント村を日本に導入しようとした試みであった（図7―14〜15）。

先に紹介した「南海鉄道の浜寺経営」という文章で大塚惟明は、南海鉄道の浜寺経営は一般の新開地開拓、すなわち娯楽地の経営策とは趣きを異にしていることを強調する。それまでの新開地経営では「娘子軍」、すなわち接客のための女性を送ることが常であった。しかしこれは「真個の開拓」ではない。「清潔な家族主義」でなければならないと大塚は述べる。この家族が根を下ろすことで「堅牢な植民地」、すなわち郊外の避暑地ができるのだと強調する。浜寺の事例では、そのあたりに注意を払い、不純な遊楽を避けて高尚な娯楽を用意した。土地が繁華になるに連れて、芸者の見番を設立したいと企てる者もあった。この種の動きに対しては、南海の支援のもと、婦人会が反対して中止させたという。

大塚は南海鉄道の浜寺経営は「衛生的教育的の方針」を採り、結果として「清潔な家族的の植民地」

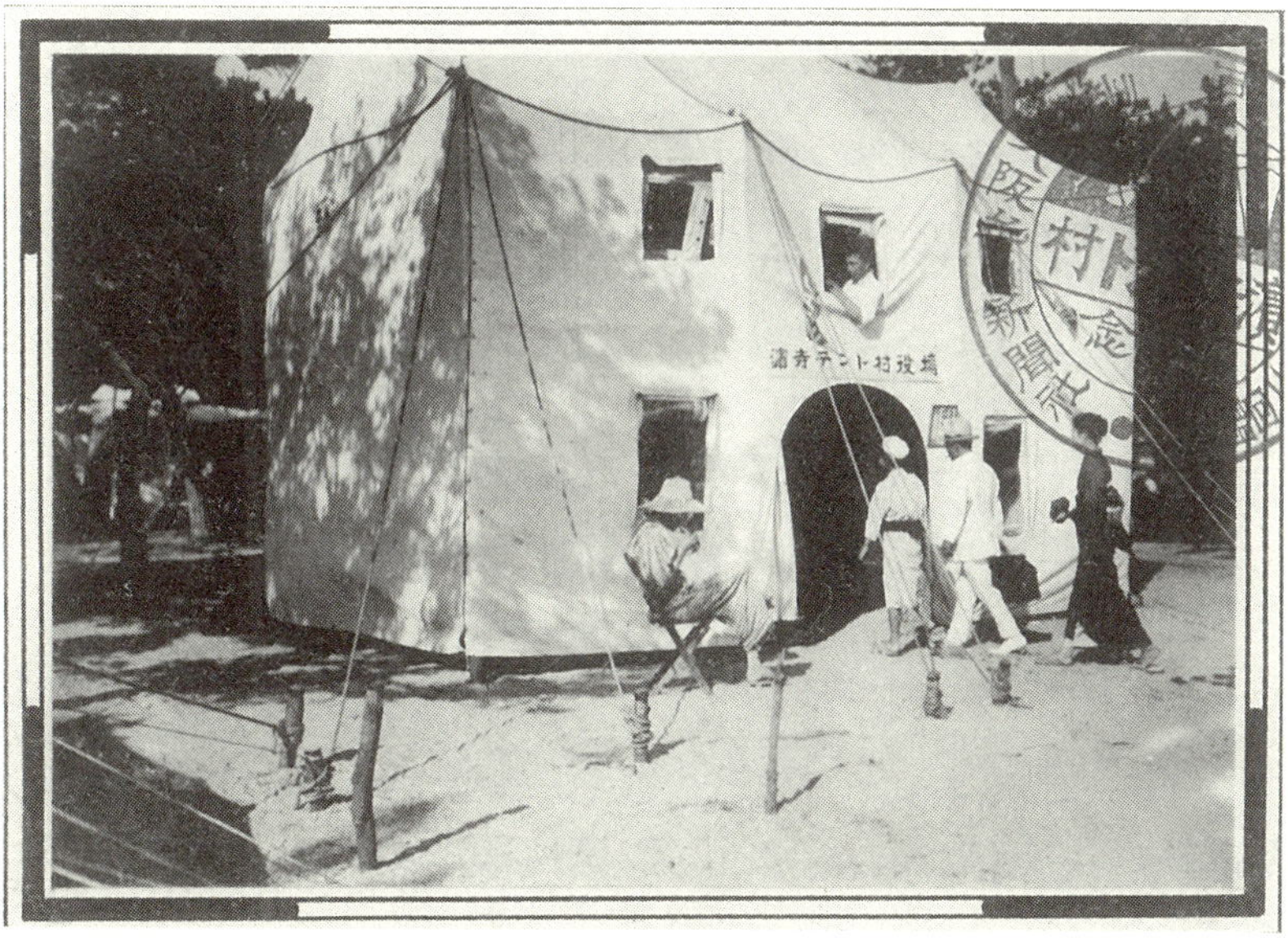

図 7-14　絵葉書「浜寺テント村」（著者蔵）

図 7-15　絵葉書「浜寺テント家族」（著者蔵）

ができたという自負を語る。「この沿線において浜寺ほど健全な家族の揃うた所はないといっても好い。芸者もいなければ曖昧的な小料理屋もない、純粋な家庭を害するものは浜寺にはをられないので自ら平和のホームが出来て健全に発達した」という。浜寺の二〇町四方には煙突を建てることが禁じられているが、「平和の家庭を乱すやうな煙もまた二十町四方へは侵入しない」ようにしていると述べている。なかなか興味深い。

浜寺では、大衆向けの海水浴場を経営すると同時に、エスタブリッシュメントのための社交の場をさまざまに用意した。別荘を構える裕福な階層のための文化施設やスポーツ施設、さらにはテント村のような生活提案の場など、実に多彩な施設を確保、避暑を前提としたリゾート都市を出現させた。民衆娯楽の場である海水浴場と資産家たちのリゾート地とを、都市近郊の海岸において経営する。南海鉄道と大阪毎日新聞によるこの実践は、沿線開発におけるある種の成功モデルとなったようだ。この成功を受けて、南海沿線では大浜・湊・石津・諏訪の森・羽衣・高師の浜・助松などの海水浴場があいついで開業している。いっぽう大阪から西へと伸びる阪神沿線では、浜寺と同じ年に同じ大阪毎日新聞の援助を受けて打出浜海水浴場がオープン、その後、香櫨園や甲子園といった本格的な米国風の海浜リゾート都市が整備されてゆくことになる。

双方の鉄道会社は海水浴場の施設の拡充を競いあい、また新聞や雑誌など、さまざまなメディアを利用して宣伝合戦をおこなった。割引による遊客の争奪戦も白熱するいっぽうであった。そもそも海岸線と並行するように鉄路を敷設した両社が、海水浴場の経営に積極的であったことは理解しやすい。新規の乗客をつかみ、それによる増収を見こむことができるからだ。また沿線のイメージアップにも役立つ。郊外開発戦略の一環として、海水浴場の経営も位置づけられるところだ。

海辺は上流・中流・労働者というような階級の区別なく、家族を単位とした非日常的な場を提供してくれる。高級住宅地である浜寺は、夏期にあってはイベントを媒介として、民衆に支持されるリゾート都市という性格を併せもつに至った。富裕層の避暑地というブランドイメージをそのままに、浜辺を大衆向けの行楽地として解放したのが、電鉄会社であり、また新聞社であったという事実は注目されてよい。休日になると人々は競いあって、人間と煤煙と騒音で充満した息苦しい都会から脱出し海辺におもむいた。浜辺に出現したリゾート都市は鉄路と新聞情報、すなわち大量動員を促すマストラとマスコミによって都市と連絡されていた。

付記　本章は橋爪紳也『海遊都市』(白地社、一九九二)収載の「海水浴場の近代」をもとに加筆を行なったものである。

参考文献

・宇田川文海『南海鉄道案内』南海鉄道、一八九九
・図南居士『浜寺公園町誌』今井文岳堂、一九〇三
・高崎茂雄『泉州浜寺誌』今井文岳堂、一九二二
・『浜寺海水浴二十周年史』大阪毎日新聞社、一九二六
・坂口桂市郎『浜寺町誌』浜寺町役場、一九二九
・丸山宏「明治社会主義者達の公園観」『造園雑誌』第四六巻五号、一九八三
・南海道総合研究所『南海沿線百年誌』南海電鉄、一九八五

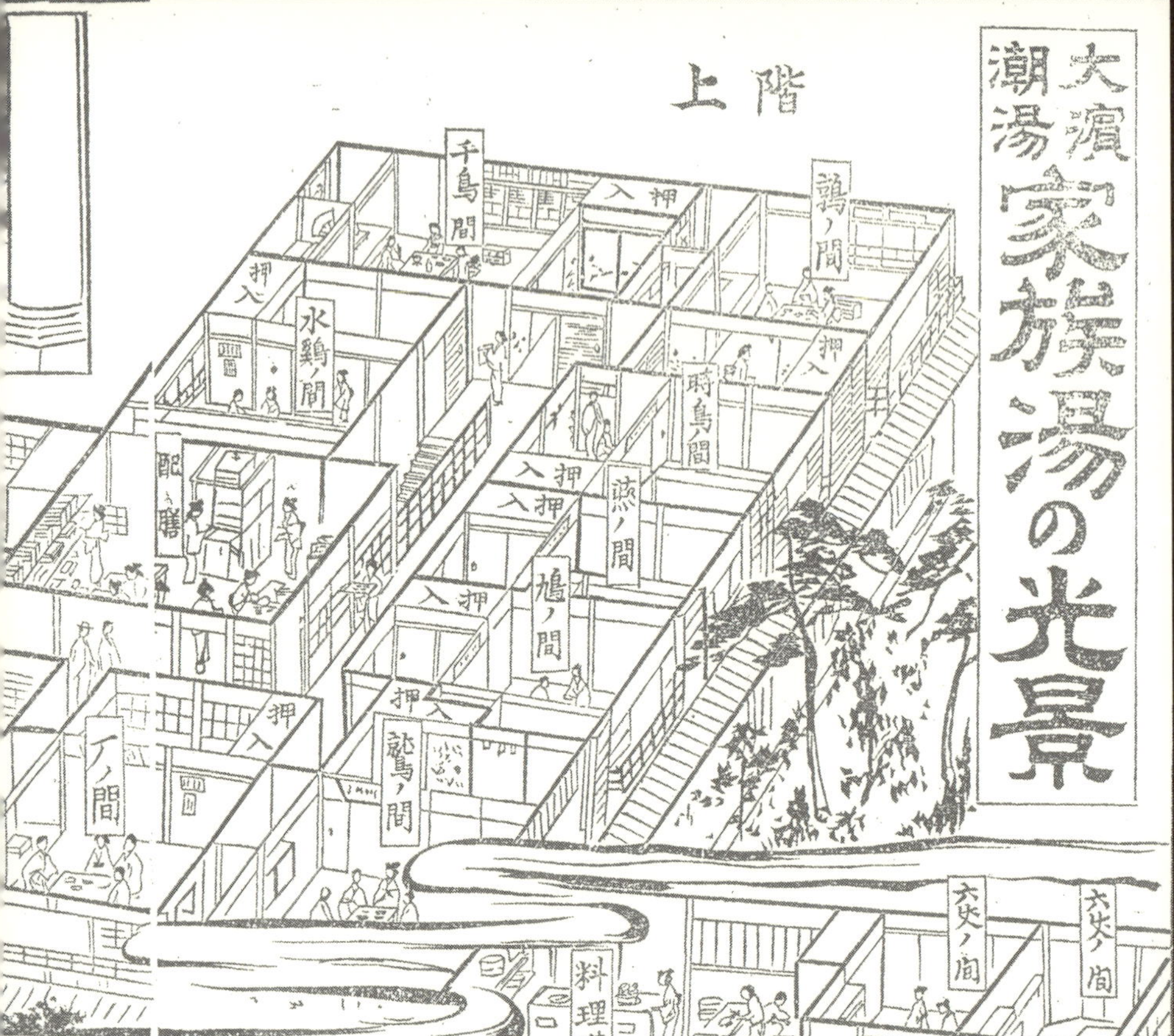

図 8-1 「大浜潮湯　家族湯の光景」（『大阪経済雑誌』大正 2（1913）年 10 月号）

8 潮湯——新しい海水浴

一　海水浴の誕生

「海水浴」という言葉がある。小口千明氏によれば、その初見は明治十四（一八八一）年の『内務省衛生局雑誌』第三四号に掲載された論文「海水浴説」という論文においてであるという。ただし、そこで紹介された「海水浴」とは、海で泳ぎ浜辺で日光浴を楽しむレジャーを指すのではなく、文字通り、海水を浴びる健康法であった。日光浴や避暑とともに西欧から導入された医療行為である（小口千明「日本における海水浴の受容と明治期の海水浴」『人文地理』第三七巻第三号、一九八五）。

論文「海水浴説」には、海水を用いた治療法の詳細と、海水浴場の設置基準が記されている。直接海に体をつける海水冷浴は内臓・リンパ腺の疾患に効き目がある。くみあげた海水をあたためて浴する海水温浴は、小児の腺病や女性の神経症に効果がある、とされている。七月から十月初旬にかけて、おおよそ一か月ほど海水浴場に逗留、一日一回、午前中に一〇分間ほど海水を浴びる。空き時間には、散歩・乗馬・水泳・ボートなどの軽い運動を適度におこなうのもよいだろう。宿泊施設には、新聞・碁・将棋などを備えておく。気晴らしの余興として、舞台でいろいろな芸能を上演するのも悪くはない。海水浴場に適した場所としては、陸地と遠く離れた孤島であること、干満の差が大きく波の強い場所であること、温暖な気候で強風の恐れがないことが条件にあげられている。これを満たす具体的な候補地としては、まず第一に小笠原諸島、次善の候補地に兵庫・神戸が選ばれているが、交通の便を考えれば、まず兵庫に海水浴場をつくり、しだいに全国にひろげてゆくのがよい。「海水浴説」では、こう結論づけている。

当時の内務省衛生局長は長与専斎であった。彼は明治十五（一八八二）年、三重県二見浦に、十七（一八八四）年に鎌倉の由比ヶ浜に海水浴場を開いている。ともあれ、この「海水浴説」を契機として、愛知医学校長兼病院長であった後藤新平による『海水功用論』（明治十五）、松本順『海水浴法概説』（明治十九〔一八八六〕）など、衛生の専門家たちが、医学的知見に基づいて国民の身体管理の必要性を説く啓蒙書を刊行する。あわせて各地に、海水浴場が開かれる。神奈川県では冨岡で早くに貴賓紳士が海水浴を行なった。また陸軍軍医総監であった松本順の指導によって、大磯の海水浴場が創設されたのは、明治十八（一八八五）年のことである。

二　潮湯の伝統

もっとも日本にあっては、古くから海水を浴びる治療法の伝承が各地にあった。たとえば愛知県大野には「潮湯治」と呼ばれる習俗があった。徳川秀忠の弟福松が腫物を患った際、この地を訪れるほどその薬効は知られていた。天保十二（一八四一）年に刊行された『尾張名所図会』をみると、浜辺に群がる全裸の男たちが描かれている。ある者は海に身をひたし、ある者は浜辺に横たわっている。泳ぐのではなく、あくまでも治療のために潮につかるのだ。

いっぽう大阪湾岸地方には、浄めのために潮水につかる習慣があった。大阪の都市神である住吉大社では、毎年七月二十日の夕刻、往古には六月十五日の満月の宵に、浜辺に神輿をかつぎだし潮水で洗い清める。神輿洗いと呼ばれる神事である。このとき、神輿がふれた海水を沸かして浴びると百病が治るといわれていた。人々は住吉大社の門前にひろがる浜にでて、こぞって海水を浴びた。これが

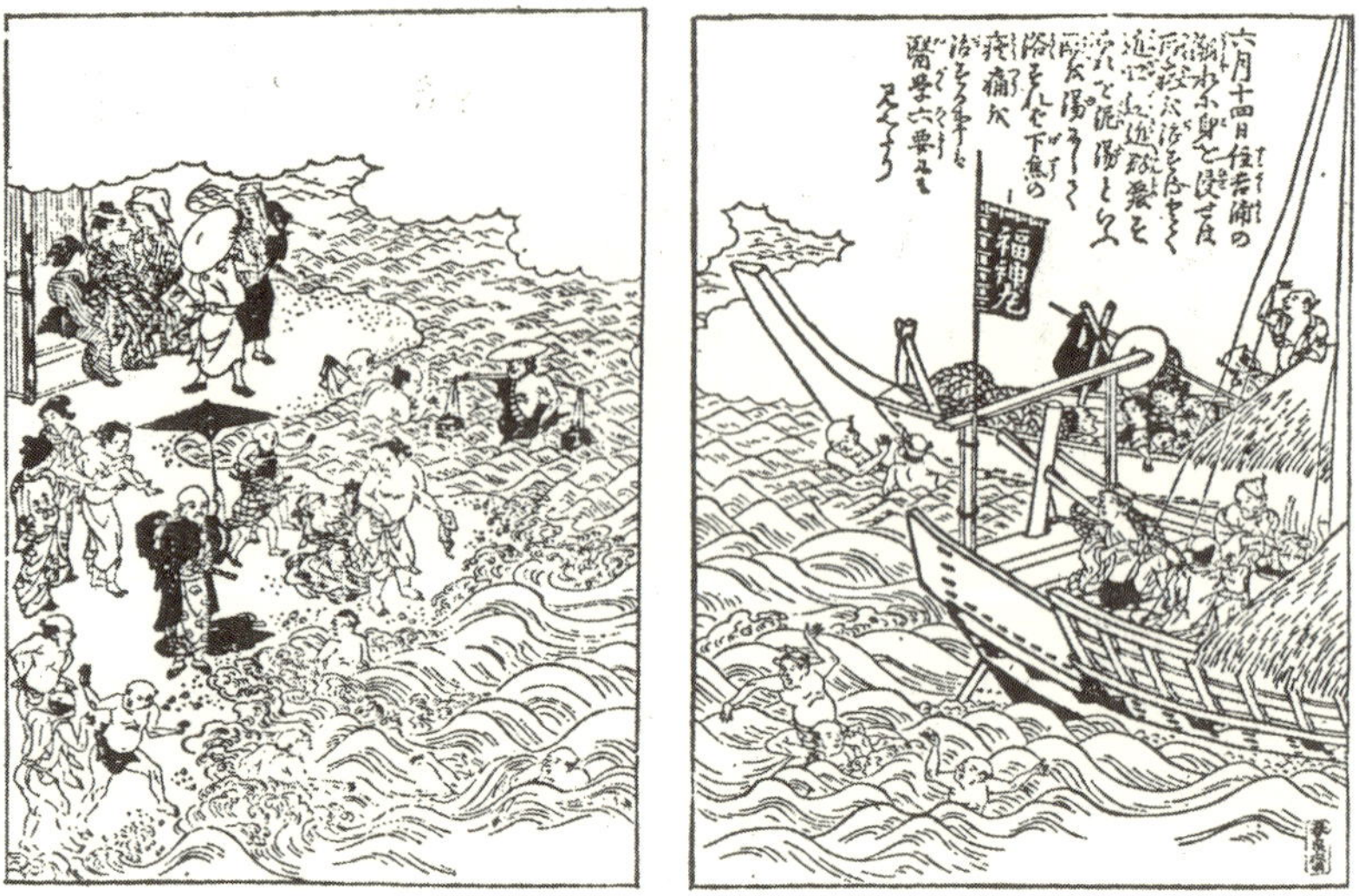

図 8-2 **「住吉のお湯」**（『摂津名所図会』より）

「住吉のお湯」と呼ばれる年中行事である（図8―2）。

大阪の南部、泉州地方にも同じような信仰がある。住吉大社の神輿を洗う「お湯」は、実は南紀の熊野から流れでてくるものだ。この神聖な潮は、住吉にいちど流れて神輿を洗ったあと、ふたたび熊野にもどってゆく。これを「もどり湯」という。これに足をひたすと、熊野と住吉双方の御利益があり、一年間無事で病気にかからないというわけだ。西欧から導入された新しい健康法である「海水浴」が、日本の社会にいちはやく定着した背景に、各地に伝わる潮湯の伝統があったのではないか。

三　海水浴場の流行

治療のための海水浴は、明治二十年代には大阪近傍にもひろまる。たとえば明治二十一（一八八八）年七月十日の『大阪朝日新聞』は、「大

図 8–3　明治 36（1903）年の大浜海岸の様子（「大阪名所」の版画。著者蔵）

阪府下にては近来海水浴場のしきりに起こり」と、海水浴場の建設ラッシュを報じている。この年、大阪府下だけでも、第2章で紹介した天保山のほかに、浜寺公園内、堺大浜の三か所に「海水浴場」があいついで設けられ、営業をはじめている。またこの年には、古来「住吉のお湯」で知られる住吉大社鳥居前、名物の高燈籠の近くに海水浴場をつくる計画が申請されているが、具体化したかどうかは定かでない。

府下の海水浴場のなかでも、浜寺公園内に設けられた海浜院は、大阪府知事建野郷三の肝いりで創られたもので、いわば公的なサナトリウムである。白砂青松の景勝地のなかに、浴場と浴客の宿舎が建設された。府民の「衛生上の一便益を図る」ことが目的として謳われた。計画と運営には、大阪病院長吉田順三、大阪博物場長天野皎《あきら》、胃散本舗店主猪飼史郎らが関与している。当時建野は、伝染病の拡散を防ぐべく、不衛生なスラムの改善事業を実施するなど、いわゆる公衆衛生策におおいに力を入れていた。浜寺における海水浴場の経営も、都市衛生を向上するべく実施された事業であった。

浜寺海浜院とは対象的に、大浜の海水浴場は海岸線に沿って八〇間も伸びる長大な建物であった。風光明媚な大浜の海岸には、明治になってから、その眺望を売り物とする三階建て、四階建ての割烹店や料理旅館がならんでいた。ところがその海側に海水浴場が完成すると、料理屋からの眺望を妨害することになる。また暴風雨の際には、漁船の避難行動の邪魔にもなる。海水浴場の営業許可を、なんとか取り消して欲しいという願書が、地元の料理屋や漁民から提出された。しかし結局、この陳情は功を奏せず、大浜の海水浴場は営業をはじめることになる（図8—3）。

四　電鉄会社と潮湯場

明治十年代後半から二十年代にかけて、各地の海浜に開かれた公的な海水浴場は、あくまでも公衆衛生の向上を建前としてすすめられていた。しかしいっぽうで、楽しみを提供する身近な温浴場という性格の海水浴場も誕生する。

たとえば明治十五（一八八二）年、大阪北新地の料亭静観楼は、庭園内の一施設として海水浴場を設けている。同年四月の『此花新聞』は、その人気のほどを「去る四月一日よりある国手（医師）の勧めに随ひ、海水浴場を相開き候処その身体に適せるの効験ある故にや日々非常の浴客有之候。湯銭は従前通り一銭引上げ申しざる候」と書いている。つまりこの料理屋では、従来から浴場を営業して

図 8-4　絵葉書「(堺大浜名所) 海楼より潮湯を望む」(著者蔵)

図 8-5　絵葉書「(堺名所) 大浜潮湯と家族湯」(著者蔵)

いたのだが、その新趣向として、あらたに海水を沸かす浴場をひらき、大当たりをとったということだ。要するに、当時の人々は薬湯の一種として「海水浴」を理解したのではないか。衛生学の専門家によって啓蒙された西洋風の療養施設が、日本独自の温浴場に転じる契機がここにある。「海水浴場」というよりも、「潮湯場」という呼称のほうが適切であるように思う。

明治末から大正時代にかけて、この種の施設、すなわち海水を沸かした温浴施設がよりおおがかりなものに発展する。大阪の事例で言えば、阪堺電車が堺市街地の近傍で経営した大浜潮湯場が著名だ。大正元（一九一二）年の開業で、コテージ風の外観は辰野金吾と片岡安の辰野片岡事務所が手掛けたものだ。浴槽は槙材を用い、洗い場や側壁は大理石とタイルで仕上げ、窓にはステンドグラスが嵌められていた。沖合から鉄管で海水をひいているため、いかに濁浪の日でも浴槽内は清澄であるとうたっていた。また各室に蒸気暖炉の装置があり、雨天でも冬でも館内は春のようであったという。二階には料理店鳥菊の出張店があり、和洋料理を提供した。年中無休で入浴料は一五銭であった（図8―4〜5）。

『大阪経済雑誌』大正二（一九一三）年十月号では「東洋一の大潮湯」と紹介、一日に六千人の利用者があったと記している。「湯の中では、上下平等、裸に何の隔てがあろふ、百万の長者も、半ズボンの陋夫も、此所ばかりは貴賤無差別、白銅一枚の均一で太平楽をいふ別天地、毎朝期せずして茲に相集まる者、此頃朝風呂会なるもの」を起こしたという。常連となった大阪の経済人などが中心となった同好会のようだ。

記事の掲載された大正二年十月は、ちょうど和風建築の家族湯を新築した時期にあたる。開業広告には「壮麗なる和風建築、浴場球戯室按摩室、待合室等、何れも善美を極め殊に御家族専用の有料休憩室は独特の新趣向、室料頗る低廉、料理は何れも調進」とある。開業祝いには一般客に福引券を贈呈、大阪からの往復客には一〇日間通用する入浴券が提供された。隣接する公会堂では、二千人を収容するホールがあり、さまざまな余興を提供した。宝塚新温泉に対抗するべく創始された少女歌劇は、入浴者へのサービスとして無料で公開された（図8―1）。

五　大工が手がけた潮湯場

大阪市内にも、おおがかりな潮湯場が出現する。大工出身の実業家森口留吉が、築港大桟橋のたもとに建設した築港大潮湯である。森口は鉋《かんな》屑などの廃材を利用することで、大阪市内にいくつかの銭湯を経営し軌道に載せていた。そのノウハウをもって、海水を温めて温泉客に提供する大規模な潮湯の営業に参入するべく、築港桟橋東南に用地を得た。

昭和十一（一九三六）年、大阪之商品編集部が発行した『大阪案内』に掲載された広告に拠れば、築港大潮湯は「娯楽の名所」と自称、男女大浴場、しほゆ劇場、大食堂、男女大プール、屋上スポーツランド、撞球場、麻雀クラブ、幼児遊戯場などの設備があった。清水、塩水、温水の三種の浴場があった。なかでも温水の風呂は、別府温泉と同質であることをうたった。また喜劇や諸芸を連日上演する余興場を設けて、入浴以外にもさまざまな娯楽を提供した。

もっとも大正三（一九一四）年に開業された当初は、客の入りは充分ではなかったようだ。大正十五（一九二六）年に刊行された『大正大阪風土記』では、「開かれた時分には、築港の町が今日の如く繁栄していない寂しい状態であったから、市の中心部から遠く離れたかかる場所で、こうした娯楽場を経営して行くことは、極めて難事であったに違いない」と顧みている。利息はもとより、電気料金の支払いにもこと欠くありさまで、滞納によって送電中止の憂き目をみるほどに困窮した。森口は債権者を船場の料亭に集めて、大阪一の名所になるまで待って欲しい、待てないならここで撃ち殺せとたんかを切ったというエピソードがある。

宣伝に力を入れたことが功を奏したらしく、来館者は増加した。後日、市電が「潮湯前」の停留所を増設した際には、「潮湯前停留所新設」と染め抜いた赤い旗を多数用意して、夕凪から築港にいたる電車道の両側にならべて人目を引いた。大正八（一九一九）年には、海水を利用したプールである「陸上安全大海水浴場」を増築している。富士山や白砂青松の風景をペンキで描いて、遊泳場の背景とした。また汲み上げた海水を高所から勢いをつけて、滝のように流し落とす趣向が人気を集めた。

さらに大正十一（一九二二）年、隣接地に三階建ての新館を竣工させる。中庭を囲んで、大広間や個室が用意された。新館が完成した当時、「築港大潮湯主　森口留吉」の名前で配布された宣伝用の絵葉書セットに、その概要を示す「築港大潮湯新館間数御案内」と題する資料が添付されている。

一　二百六十畳敷舞台本床附大広間　壱室
一　百畳敷以上本床附　貳室
一　八十八畳敷本床附　貳室
一　拾畳敷以上本床附　拾五室
一　拾畳敷以内　六拾室
一　五拾畳式　休憩所　四ヶ所

図 8-6　絵葉書「大潮湯新館（右）旧館（左）」（大阪築港大潮湯発行。著者蔵。以下図 8-11 まで同じ）

図 8-7　絵葉書「大潮湯新館」

図 8-8　絵葉書「大潮湯余興場」

図 8-9　絵葉書「大潮湯五階運動場（廻り八十八間）」

図 8-10　絵葉書「大潮湯男海水浴場」

図 8-11　絵葉書「大潮湯女海水浴場」

一　見晴よき五階運動場　参百五拾坪

宴会や諸芸大会、そのほか諸々の集会の際には、各室を無料で貸しだした。入浴の利用者も無料で休憩できたようだ。大正末における築港大潮湯の入場料は、通常は大人二〇銭、子供一〇銭、夏期でも大人三〇銭、子供一五銭であった。飲食に料金は必要であっただろうが、きわめて安い料金で、一日を過ごすことができたようだ。絵葉書には、旧館の中庭にあった海水浴場に加えて、新館の外観、五階運動場、大広間などの様子がある（図8—6〜11）。

新館はホテル経営を目指したと書く資料もあるが、実際に宿泊者を受けいれる営業を行なったかどうかは定かではない。ただ関東大震災の後、被災者を載せた船が大阪港に到着した際、森口留吉は関一大阪市長の意向を受けてこの新館を開放、帝都からの避難民の仮寓として提供した。無償で食事も用意したこともあって、「義侠の人」である森口の名声は市の内外に響きわたった。

六　新温泉と大阪

「明治四二（一九〇九）、四三（一九一〇）年頃から、ある意味において西洋の公衆浴場を模倣したような大浴場が、関西地方を中心として現れてきた。もちろんこれらは外国の公衆浴場そのものを直ちに模して作ったものではなく、多少その土地の状況や、経済上の点、また従来の習慣上、いわゆる日本式を加味して建てられた浴場である。」

大正三（一九一四）年、『建築工芸叢誌』に「風呂」という連載記事を寄稿していた大倉直介は、このように書いている。この時期、都市住民を対象とした新しいタイプの浴場が、大阪の郊外にあいついで建設されている。

大浜や築港の潮湯だけではない。関西の各私鉄は、沿線に巨大な浴場を建設するようになる。阪神電車は西宮香櫨園にラジウム温泉、箕面有馬軌道（阪急電鉄）は宝塚新温泉、京阪電鉄は枚方楽園内の枚方温泉、大軌はあやめ池温泉というように、遊園地と温泉を併置するケースがあいついだ。

また大阪市内でも、土地会社が自社の所有地に新しいタイプの温泉を建設することが流行する。なかでも注目されたのが、大阪土地株式会社が新世界に建設した「噴泉浴場」である。設楽建築工務所の設計になるセセッション風の館内には、大浴場のほか、休憩室・食堂・娯楽室・理髪室など、さまざまな施設が完備されていた。直径三六尺の大型の円形浴槽に噴水が設置されており、これが名称の由来となった。

このような複合的な洋風の新温泉場が、東京ではなく大阪で大流行をみたことに対して、大倉直介は「首都ならざる大阪が、いずれの点においても東京に負けないで、新しいことを試みるという風になっているところが面白い。かような風で、大阪人が何でも新しい試みをすることを好むところは、われわれ建築家に取ると、まことに有難い贅六趣味だと思う」と記している。潮湯、そして郊外の新温泉の流行も、大阪の都市性の反映であるということだろう。

図 9-1 「電気大博覧会会場全景」（著者蔵）

9

楽園——都市の余白に描かれた夢

一　土地会社のパラダイス

大阪市電気局が発行した「電車新線開通運転系統変更御案内」を紹介しよう。モノクロではわかりにくいが、市電の運行経路を、赤・黒・緑の三色を使い、破線や波線を駆使して図示している。馬場町から森ノ宮東ノ町に至る路線（城南線）、天王寺西門から寺田町を結ぶ路線（天王寺大大道線）が開通したことを契機に、変更のあった系統が赤色で示されている。新線開通の時期から推察すれば、昭和五（一九三〇）年二月一日に発行されたものとみて良いだろう（図9―2）。

路線図のなかに小さく、いくつかの病院や学校、食堂の名称がある。またアベノ橋の近傍に「ラジウム温泉」とある。裏面に広告を掲載した各企業の所在地を示すものだ。そのなかに「パラダイス」の文字があるのが判るだろう。市街化がすすむ大大阪の臨海部にあって、大正十四（一九二五）年七月一日に開業した市岡パラダイスのものだ。

裏面には、澪つくしが立ち千鳥が舞う大阪の海辺を下地に、図案化された枠組みのなかに企業広告が掲載されている（図9―3）。ラジウム温泉の通称で知られた新世界の温泉劇場、心斎橋の高橋食堂、上本町六丁目の浅井病院、大野病院など、施設の外観写真を添えているものが多い。またセメン菓子の岩崎大海堂は「大阪名物」、道頓堀の赤玉食堂は「大阪新名所」とうたっている。「高級モダンカフェー」である日乃丸食堂は、グラス内で艶やかに踊るダンサーの姿を描く。大軌電車は大和めぐりのほか、「南大阪より桃山京都近道」と記し、桃山御陵への誘客をはかる。書籍をデザインした枠で「校舎落成」をアピールしているのは、小阪の大阪城東商業学校である。詳細はわかりにくいが、左下に「西大阪

電車 新線開通 運轉系統変更 御案内

大阪市電氣局

◎◎二月一日ヨリ實施

新線開通

馬場町－森ノ宮東ノ町間

中間停留場 森ノ宮西ノ町

天王寺西門－寺田町間

中間停留場 大道二丁目 河堀神社前

◎新運轉系統説明

所屬	系統	運轉經路
天王寺	い	阿倍野橋、堺筋、大阪駅、大國町、阿倍野橋間
	へ	阿倍野橋、難波、大阪駅、天満橋、上六、阿倍野橋間
	ほ	阿倍野橋、堺筋、長柄橋間
	ね	阿倍野橋 下味原町 玉造間
今里	ろ	寺田町、堺筋、大阪駅、福島、西浜、天西、寺田町間
	か	今里、上六、境川、玉船橋間
	む	今里、上六、境川間
都島	は	都島、大阪駅、難波、堺筋、天六、都島間
	に	都島、大阪駅、福島、西浜、上六、片町、都島間
	つ	都島、片町、本町、玉川町四間
	や	扇橋、阪急前間
春日出	れ	櫻島、福島西通、南森町、天満橋間
	う	春日出車庫、福島西通、南森町、天満橋間
	よ	野田阪神、本町、森ノ宮間
	と	野田阪神、本田、木津川運河間
	た	野田阪神、本田、夕凪橋間
築港	る	築港、四ツ橋、玉造間
	ら	築港、大江橋、天満橋、谷六、上六間
	わ	千船橋、玉船橋、本田、玉造間
鶴町	の	鶴町、北泉尾、本田、大江橋、天満橋、谷六、玉造間
	ち	鶴町、小林町、松島町、玉造、阿倍野橋間
	り	鶴町、大運橋、大正橋、上六間

備考（一）黒字ハ従来ノ侭ノ系統 赤字ハ変更セル系統

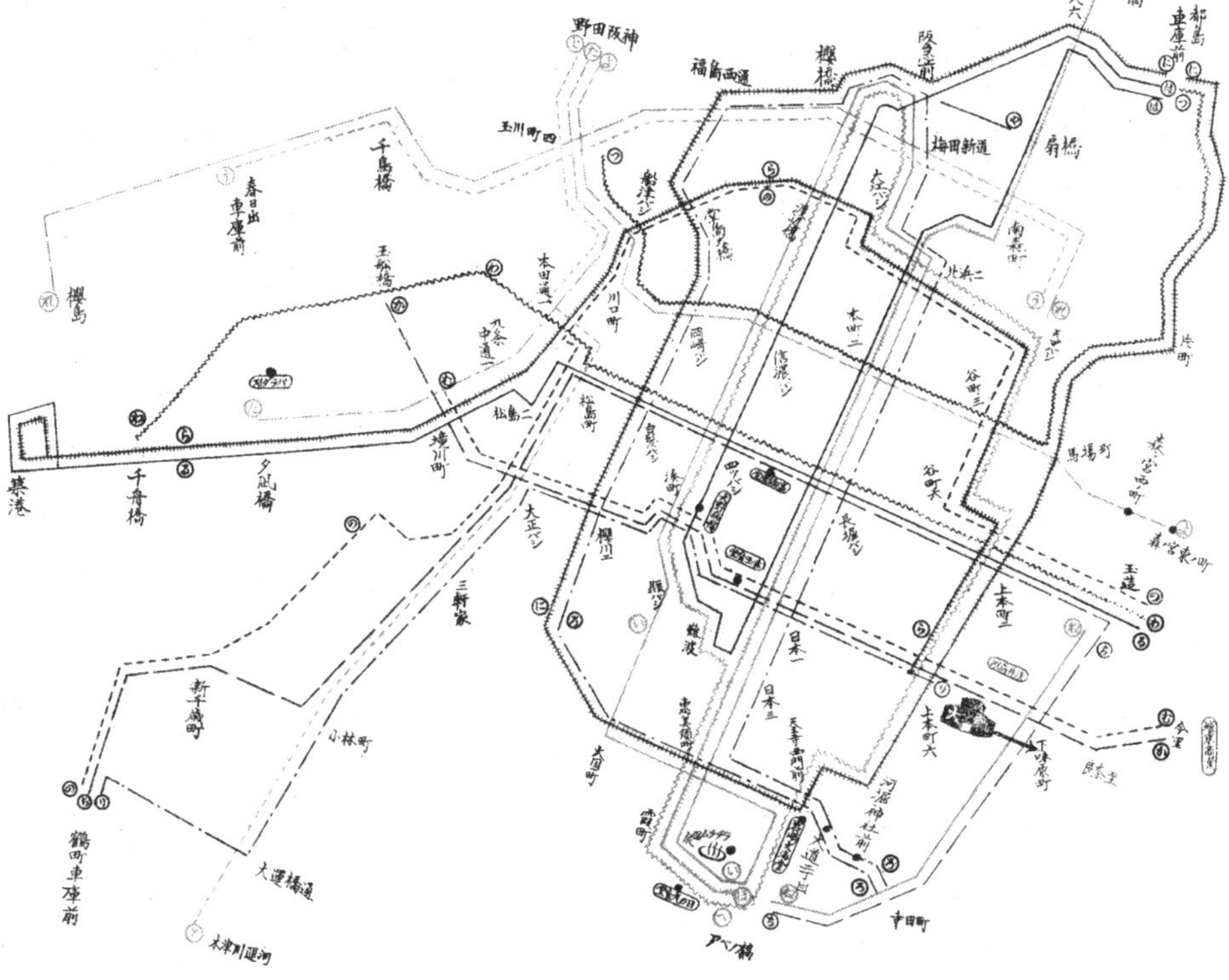

図 9-2 「電車新線開通運転系統変更御案内」（大阪市電気局。著者蔵）

図 9-3 「電車新線開通運転系統変更御案内」（裏面）

新名所・歓楽境」と記す遊園地の広告がある。

「パラダイス」、すなわち「楽園」と名付けられた遊園地は、大正五（一九一六）年六月に資本金四万三千円をもって設立された市岡土地株式会社が、自社の経営地である桂町一帯に一万二千坪ほどを画して開設した娯楽場である。欧米を視察した支配人岡崎忠三郎のアイデアだと伝えられている。彼がどの都市を参照したのか資料はないが、海に近い広大な干拓地を保有する同社にとって、米国のコニーアイランドやアトランティックシティなど大衆向きのビーチリゾート、あるいは英国のブラックプールなどの海浜保養地で人気を集めていた遊園地などの先例がおおいに参考になったのではないか。土地会社による開発だが、阪急の宝塚、阪神の甲子園、南海の浜寺公園など、電鉄資本による郊外型アミューズメントパークの開発と時を同じくしている点が注目される。

主要な施設は大正十二（一九二三）年に竣工する。佐伯組が施工を請け負った。「その斬新な趣向は人気を呼んで大阪の名所となった」と『港区誌』（大阪市港区創設三十周年記念事業委員会、一九五六）は書いている。当時の入場料は大人三〇銭、こども一五銭であった。

園内全体を描いた鳥瞰図の絵葉書を見ると、人工の池を中心に、温泉や休憩所などの諸施設、野外演技場、高さ一八間の飛行塔などの遊具、小鳥舎、動物舎などが配置されていたことが判る。池内に設けられた築山から三方向に人工の滝を落とし、五色の投光で彩られた。昭和二（一九二七）年に竣工したという大劇場は、ロサンゼルスのミリオンダラー・シアターの設計を採り入れたもので、延七五〇坪、定員千人の規模であると伝える資料もある。アイススケート場「北極殿」は、滑走面積八〇坪、室内リンクの草分けであり、ロシアからプロスケーターを招聘したイベントを催したようだ。先の『港区誌』では、大温泉に関して「千人風呂の大浴槽をはじめトルコ風呂の設備」があったと記す（図9―4〜6）。

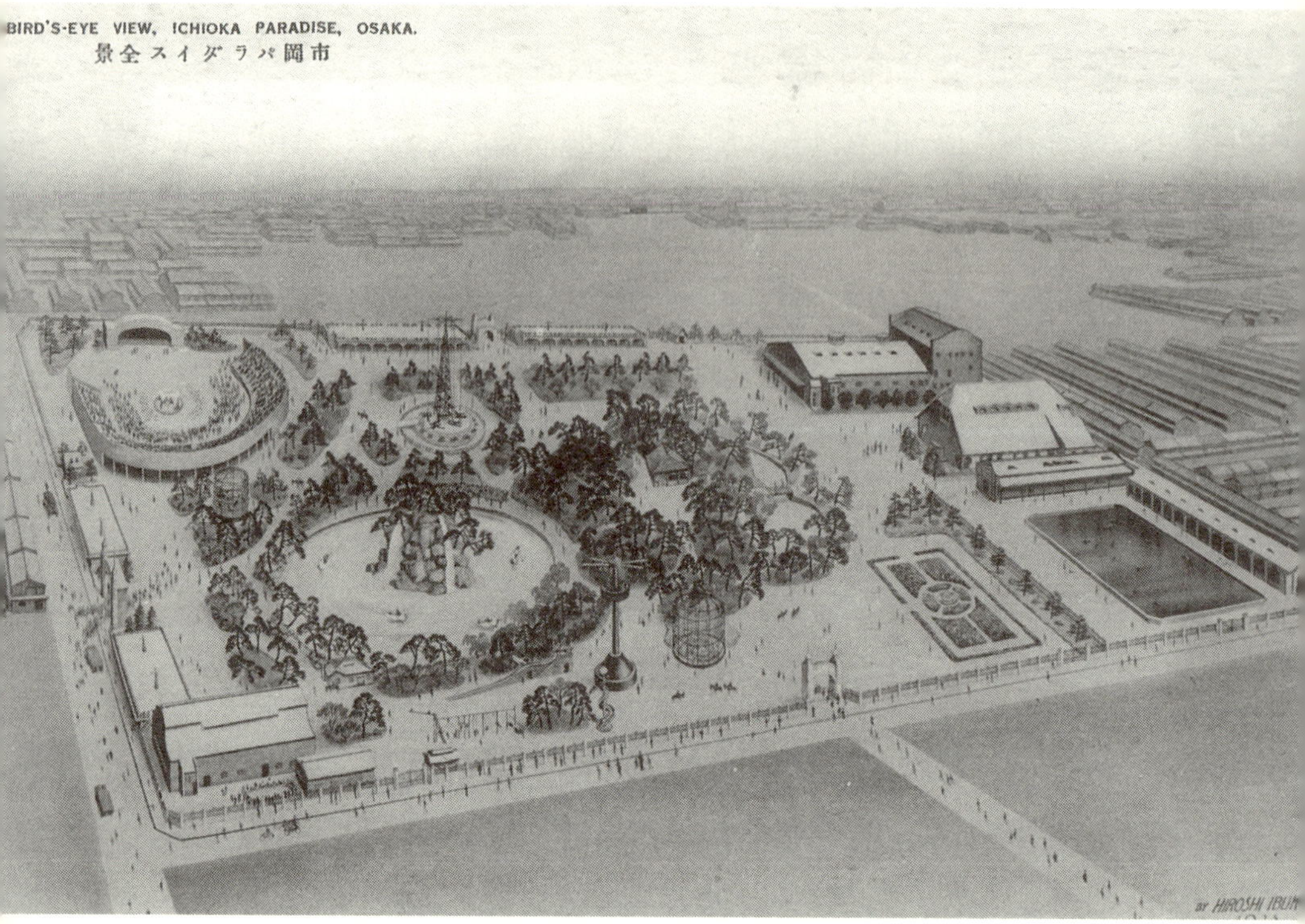

図 9-4　絵葉書「市岡パラダイス全景」（著者蔵）

施設群の完成した様子を描く鳥瞰風のイラストでは、用地の周囲に広大な空き地があり、隣接して長屋街が建設されつつある様子が見える。また野外劇場の絵葉書では、空き地の彼方に煙突が林立する工場地帯の光景が遠景に見える。干拓地である新田を保有する同社では、未利用地の市街化を促す契機とするべく、経営地内に人を集める遊園地事業をもくろんだのだろう。

もっとも遊園地そのものは、長続きはしなかったようだ。昭和九（一九三四）年八月、『週刊東洋経済新報』の臨時増刊「関西弐百伍拾会社の解剖」における市岡土地の記述から、そのあたりの様子を推測することができる。記事では同社の経営状態を「業績稍々《やや》向上す」と評価している。このような記述の背景には、市岡パラダイスの経営失敗によって、それ以前の数年間、同社が業績低下を重ねていたことがあった。昭和六（一九三一）年度の決算では、パラダイスの経営によって一万七千円の欠損を出していた。そこで昭和六年度末（三月）から直営を廃し、「娯楽機関のみ残し従来遊園地であった部分を売却又は賃貸する方針」を立てて遂行した。劇場などの施設はそのままに、園地を処分したということだろう。結果、赤字は追々、減少しつつあったようだ。しかし同社はこの事業に九三万円という巨額の建設費を充当したため、昭和九年の決算においても五一万二千円の借金が残っていたとある。

経営難に陥ったこの「楽園」に、未曾有の災害が引導を渡す。昭和九年九月二十一日、阪神間に大打撃を与えた室戸台風による高潮が、西大阪一帯を洗い流した。遊園地も閉鎖を余儀なくされる。

図 9–5　絵葉書「（大阪）娯楽機関の整備せる市岡パラダイス内大瀑布」（著者蔵）

図 9–6　絵葉書「市岡パラダイス園内野外劇場」（著者蔵）

二　土地会社とスポーツ・イベント

都市化が進展した大正時代、大阪にあっては海と陸の境を占める埋立て地にあって、物資の輸送に適した水路沿いに工場が集積し、市街化が進捗した。さらに周辺の農地や未利用地では、土地会社の手によって、労働者のための住宅地や商業地がかたちづくられる。埋立て地における開発の先鞭をつけるべく、人を集める場所が構築された例がある。市岡パラダイスの場合、遊園地事業は必ずしも成功裏に終わったとは言えないが、近傍に商店・映画館・市場が進出、パラダイス通りと呼ばれる商店街が誕生するなど、その存在が周辺地域の市街化を促す契機を提供した。

大阪港に近く五〇万坪ともいう広大な埋め立て地を経営した安治川土地も、さまざまな集客事業を展開した土地会社である。大正六（一九一七）年十二月、藤田、外村、田中、辰馬の四家がそれぞれの所有地を持ち寄るかたちで、資本金一五〇〇万円の土地会社を設立する。大正八年に一千万円を増資、大阪港に隣接する同社の経営地は五〇万坪もの広さがあったようだ。前掲「関西弐百伍拾会社の解剖」では、「……全所有土地四八万八百坪の中二八万二千余坪を賃貸してゐるのに比すると、土地の売却は如何にも少い」とあり、借地や借家の経営が主たる収入源であったことが判る。

もっとも事業の初期にあっては、経営地中央を貫通する幹線道路に沿って複数の娯楽場や遊園場を設け、西大阪を代表する歓楽郷をここに現出させることを企画する。同社はまず手はじめに、レジャー開発をおこなう主体として安治川興業という小会社を設立、運河に面する一角に安治川遊園地を建設する。

図 9-7　大阪市立運動場（港区八幡野町）（『大阪行幸記念空中写真帖』週刊朝日臨時増刊、朝日新聞社、1929 年）

『大正大阪風土記』（大阪宝文館、一九二五）ではこの遊園を、「気持のよい遊園地」と評している。「綜坪数三四〇〇坪、大規模とは言えないが一方に運河を控えた気持ちのよい遊園地である。園内には迎賓館・奏楽堂・野外劇場・納涼台・テニスコート・子供用各種運動機械・猿の飼育舎等がある。なお付近には高さ三〇〇尺の物見塔がある。将来はこれを中心として西大阪における一大遊覧場を設ける予定だとのこと」と書いている。

大正十二（一九二三）年、第六回極東選手権競技大会を主催するにあたって、会場の適地を探しあぐねた大阪市は、安治川土地に協力を要請した。同社は保有する経営地のうち八幡屋松之町の一部を市に賃貸することになった。市は雑草の生い茂る沼地であったこの用地に、四〇〇メートルトラックと二〇〇メートルの直線コース、六千人収容（一説に七千人とも）の有蓋スタンド、野球場・庭球場・水泳プールなどからなる、東洋一の規模をほこる総合運動場を建設した。総経費二三万四三〇〇円ほど、敷地面積一五九九坪の本格的なものだ。ただ工事の期間はわずか半年であったという。三千人を収める観覧席を有する水泳場（五〇メートル、八コース）、庭球場なども整備する。「創生期の我が国運動界に貢献するところ大なるものがあった」と『大大阪年鑑』（大阪都市協会、一九三六）では回顧している。

大正十二年度の統計では、有料入場者が大人四万八〇〇人と子供三万八五〇〇人ほど、そのほか開放日の入場者九七〇〇人、貸し切り日における観覧客一〇万五五〇〇人ほど、総計一九万四六〇〇人が利用している。以後、この市立運動場ではさまざまな競技会が開催され、常設のイベントスペースという機能を果たすことになる。有料・無料は問わず、イベントや運動会、競技大会などが借り切って利用する例も多かったようだ。大正十二年では二七回、昭和十（一九三五）年では一一五回の貸し切り利用が記録されている（図9―7）。

三　土地会社と博覧会

市立運動場の成功ののち、安治川土地は、さらにおおがかりなイベントの誘致に成功する。電気の普及をPRするべく電気博覧会の開催を企画した社団法人電気協会関西支部が、安治川土地との提携をはかったのだ。

土地会社側は既設の遊園地をふくめて、五万坪の土地と水面一万坪を無償で提供、第一会場とした。

図 9–8　絵葉書「本館一帯と電界の恩人（電気大博覧会）」（著者蔵）

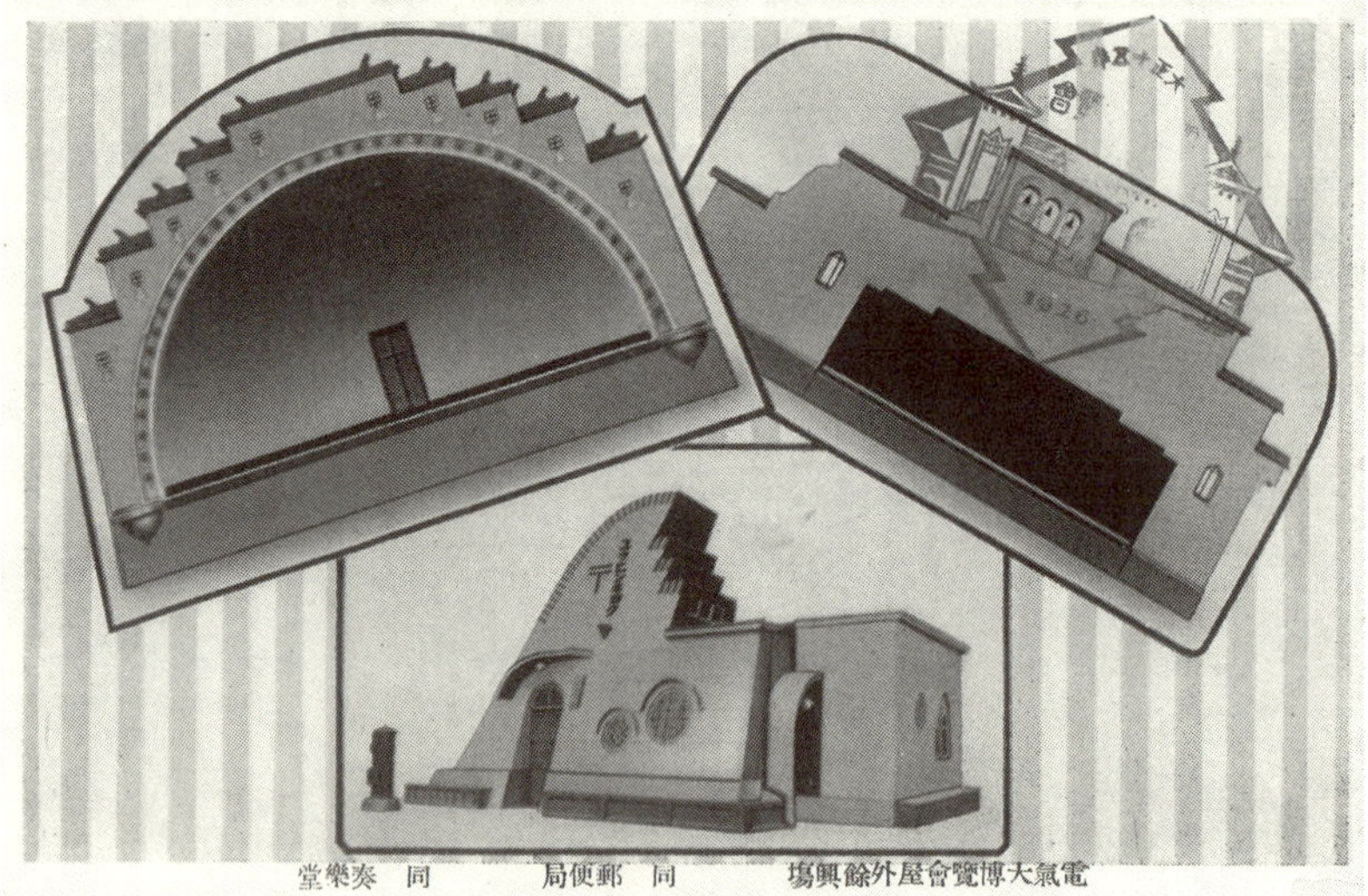

図 9–9　絵葉書「電気大博覧会屋外余興場　同郵便局　同音楽堂」（著者蔵）

図 9-10　絵葉書「本館前噴水（電気大博覧会）」（著者蔵）

図 9-11　絵葉書「機艇による入場の光景（電気大博覧会末広橋）」（著者蔵）

図 9-12　絵葉書「電気大博覧会歓楽街の一部」（著者蔵）

図 9-13　絵葉書「電気大博覧会第一会場　水力発電所（模型）」（著者蔵）

主要な建物の建造費も土地会社側が負担し、広告費は双方が折半することとなった。みかえりは入場料収入の五割だけというから、協会側に有利な条件である。これほどのリスクを背負っても、集客をはかることで利があるという判断が土地会社サイドにはあった。ちなみに第二会場は天王寺公園内に設営され、大阪朝日新聞による航空館の出展ほか、既存の勧業館を本館として電気関連の新製品がならべられた。

博覧会は大正十五（一九二六）年三月二十日から五月末にかけて実施された。七三日の会期中に、二九〇万人の入場者を集めている。成功の部類であろう。会場のレイアウトは、大阪湾につながる水路網と直結する内水面、また道路によって区画され、それぞれが橋と陸橋で結ばれていた。電気博の名に恥じず、水路に映えるイルミネーションの美しさは抜群であったという。「電気大博覧会会場全景」にその全貌が描かれている（図9―1）。

市電の走る西門から入る南西の区画には、フランクリンの像を正面に据える本館や家庭電化館、参考館、交通館、動力館、川北電気特設館といった展示館がならんでいる。一画に、農村の風景を電気仕掛けのパノラマで再現、菜園や温室もある農事電化園が設けられていた。電気自動車の実演などが人気を集めた。各陳列館の意匠は、武田五一の指導によって「スパニッシュミッション式」に統一された。隣接して市立運動場がある。

その東側、水路と道路で区分される中央部の区画は、弁天池に通じる水路でさらに二分されている。海外製品などを見せる外国館、台湾朝鮮などの植民館、温泉場があった。水路に面して、内部に食堂のあるシンボルタワー「水晶塔」がそびえたつ。いっぽう水路をわたった対岸には奏楽堂や迎賓館、遊戯施設の類がある。市電が走る通りに面した北門から中門や東門に至る通りの両側には、売店が数多く設けられた。

北門から入る東北の区画は、弁天池を取りかこむように諸施設が配置されたアミューズメントエリアと、矢野サーカスや有田洋行の仮設小屋、大噴水、人間製造館や台湾舞踏館、セルビア人の女優も出演した国際演芸館をはじめとする各種の興行を中心とする余興街から構成されていた。電気医療器具を見せる保健衛生館のほか、宇治川電気・日本電力・大同電力が出展したハリボテの山を再現する水力発電所模型、さらには富士山模型・アルプス模型・台湾舞踏館などの展示がある。高さ二百尺の高塔摩天閣には、エレベーターが装備されていた。遊園地では世界漫遊パノラマトンネルや、お伽の国トンネルを抜けて走る子供電車が人気の的であった。池面を見ると、厳島神社を模倣した宮島楼、金閣寺、いくつもの浮御堂、宝来島に渡る橋の岸側には竜宮城のごとき姿の門も見えている。その畔には、偽物のアルプスと富士山が並んでそびえているのだ。まさに楽しげな「楽園」の風情ではないか（図9―8～13）。

博覧会とは言いながら、娯楽施設に半分ほどの敷地が割かれている。ここに土地会社の思惑があきらかだ。博覧会終了後も安治川遊園と温泉場は営業を継続した。そのほか遊廓「港新地」、港劇場が建設されている。イベントのにぎわい、そして「楽園」は、残像となってこの運河沿いにとどまったのだ。

四　埋立て地の「楽園」

「電気大博覧会会場全景」を見ると、当時の埋立て地の様子を知ることができる。彼方に陽光きらめく大阪湾があり、沖合や川筋には多くの船が往来している。イベントの成功を祝うべく赤い旗で飾る飛行船が浮かんでいる。いっぽう広大な埋め立て地に目を向けると、茫漠たる未利用地があるいっぽう、すでに市街化した地域では隙間なく長屋が建設されている様子がわかる。非日常の「楽園」である博覧会場の建物は、すべて朱色のスパニッシュ瓦で葺かれている。対して日常生活の場である長屋街の色合いは、あくまでも暗い。その対比に、博覧会場や遊園地の類が、都市のなかに埋め込まれた異界であることを再確認することができるだろう。

大阪の臨海部は、干拓がなされてもしばしば水に浸かる湿地であった。そこに土を盛って、新たな市街地へと転じるのが土地会社の業務であった。ただそもそも海辺の新開地は、いまだ何のイメージも刷りこまれてはいなかった。だからこそ、この種の集客事業を受け入れる素地があったということができるのではないか。海辺の新開地は、人を引き寄せ、人を集める清新な雰囲気を保有している。ここで述べた各土地会社が、イベントの誘致や娯楽施設の経営に情熱をかたむけたのも、新開地に漂う独特の雰囲気があったからにほかならない。

参考文献

・『港区史』大阪市港区役所、一九五六
・『電気大博覧会報告』社団法人電気協会関西支部、一九二七
・『大正大阪風土記』大阪宝文館、一九二五

図 10-1　絵葉書「電気大博覧会蓬莱島一帯夜景」（著者蔵）

10

夜景

——水と都市と光

一　光の都　明りの名所

水面に反射し、波によってゆらめく光ほど、美しい夜景はない。昭和八（一九三三）年に大阪市電気局が製作した『京都　大阪　神戸　明りの名所』（社団法人照明学会照明智識普及委員会編・発行）の表紙は、中之島界隈の夜景だ。川に沿って建つビルディング群の窓に点る光が列をなしている。川面を往来する屋形船の様子とあいまって、各建物が漆黒の海に浮かぶ巨船のようにも見えてくる（図10―2）。

航空機を誘導するサーチライトを二条、宙に飛ばしている高塔を屋根に載せた、ひときわ高い建物は朝日新聞社の社屋である。垂直方向と水平方向に設けたルーバーに照明を装置することで、直交する光の帯をデザインした外観とともに、中之島にあって文字通りの「明りの名所」となっていた（図10―3）。

都市の近代化にともない、水際に位置する都市の名所は、夜景の名所に転じた。「水の都」は、夜になるとおのずと「光の都」にその様相を改めたわけだ。

都市に対する本格的な電気の供給が始まったのは、概していえば二十世紀初頭のことだろう。発電所で大量に起こした電気を、大都市において大量に消費する生活が始まる。エネルギーの生産と消費に関わる変革、すなわち「電化」に即して、私たちのライフスタイル、行動様式、ひいては価値観は、おおいなる転換を強いられた。とりわけ日常生活にあっては、電気照明の普及が都市の夜景を一新する。大阪も例外ではない。

遡れば、大阪財界が総力をあげ、初代社長に土居通夫を据えて電力供給会社である大阪電灯を設立

図 10-2 『京都　大阪　神戸　明りの名所』表紙

図 10-3 「朝日ビル」（『京都　大阪　神戸　明りの名所』）

図 10-4 「道頓堀　芝居町　夜乃景」

したのは明治二十（一八八七）年のことだ。二年後の五月、西道頓堀二丁目の旧金沢藩邸の跡地に発電所を設置し、実質的な営業をはじめている。南地と呼ばれる歓楽街を配電区域に含む。一般家庭ではなく劇場や料亭、茶屋など商業施設への提供を意識した立地であった。当時の石版画にもその様子が描かれている（**図10―4**）。

電灯会社は「電灯は、風が吹いても消えません。火事の危険もありません。ホヤの掃除もはぶけます」と訴えた。しかし日没から午前零時までの半夜灯、もっとも暗い一〇燭光でも月に一円の契約となる。あまりにも高額であったため、当初の申し込みはわずかに一五〇灯でしかなかった。またしばしば停電があったのも、不人気の理由であったようだ。

しかし電気による照明は、安全性を訴求して販路を拓くことに成功する。大阪でも明治二十三（一八九〇）年の新町焼け、明治四十二（一九〇九）年のキタの大火など、失火によって都市が焼き尽くされるたびに、電球の安全性が訴求された。同時に技術的な改良と料金の低減などの措置もあって、優位にあった瓦斯灯や灯火を押さえこんでゆく。明治二十六（一八九三）年に一万灯を突破、創業から二〇年を経過した明治末には五〇万灯にまで契約数を伸ばしている。

大正、昭和にかけて、大阪の市民は少しずつ、「明るい夜」を手に入れていった。灯油や瓦斯を燃やして入手できる、ゆらめく光ではなく、電気が生みだす安定した白熱球の光が、各家庭にそして街頭に灯るようになる。それは従来にない「夜景」の創造であった。個別の光が群れをなし、多くの光源が彩となって統合されることで、ひとつの景観となる。

軒灯や窓の明りが連なることで、住宅地らしい夜景が生まれる。いっぽう工場地帯には、工場群から漏れる光が煤煙を照らして独特の光景が生じた。盛り場では、建物を縁取るような電球照明がまず普及、文字通りの「不夜城」を人々の眼前に出現させた。商店街では、天皇の即位を祝う御大典の祝祭を契機に街灯を導入してゆくところがでてくる。やがて京都で創案された日本独自の装飾灯である鈴蘭灯が二ッ井戸など大阪の商店街にも普及、諸外国とは異なるにぎわいの景観が誕生する。

二　祝祭の光

大胆な夜景の演出は、実際に市街地で応用する前に、博覧会の夜間開場などで試行されることがあった。新しい科学技術、そして優秀な製品を紹介する場である博覧会場は、新たなライフスタイルを呈示する機会であった。電化に関わる商品や技術も例外ではない。電化製品の展示・陳列と同時に、電気を活用したさまざまな生活の理想形がイベント会場にあって示された。イルミネーションという装飾、および人工照明下における野外での過ごし方が、明治から大正期の博覧会場にあって呈示された。人々は従来になく明るい夜を体験する。それは照明がより日常化するであろう、近未来の都市の雛形であった。

その端緒となる事例が大阪で実現した。明治三十六（一九〇三）年、今宮・天王寺界隈を会場に実施された第五回内国勧業博覧会にあって、農商務省の関与のもと、それまでの勧業博覧会では先例のない夜間開場が実現した。画期的なイルミネーションで話題となった一九〇〇年のパリ万博から、わずか三年後のことだ。

博覧会の各展示館は五時になると閉じられ、また会場そのものも六時には閉門となった。しかし日曜日と各種イベントのある「大祭日」には、その後の入場も許可された。展示品を見ることはできないが、四千個以上の電球で彩られた各館の様子そのものが見世物となった。全館の電灯が一斉にともる瞬間を見ようと、まだ陽の高いうちから、会場全体を俯瞰できる美術館前の高台で場所取りをする群衆があったという。その壮観は「暗中に明星の宮殿のみを現出したる」などと当時の雑誌に記されている。

建物を縁取る電飾だけではなく、噴水や彫刻など会場内の随所に景物があった。とりわけ中心部にあった噴水塔は見どころとされ、多くの人が集まった。また高村光雲の手になる大理石の彫刻「楊柳観音」も話題であった。右手に水瓶、左手に柳枝を握った美人像で、瓶から流れる水が、足元にいる童子が支持する水盤に落ちるようになっている。また周囲に亀や水鳥の像もあって、これらも水を噴きだしている。おのおのの水が直径一八メートルほどの円形の池に流れこむという趣向だ。この群像と池が、色光を駆使して美しく照らし出されたのだ（図10―5）。

また巨大な正門は、アーチの上方部分に多数の電灯を装置して、「第」「五」「回」「内」「国」「勧」「業」「博」「覧」「会」の十文字が描き出され、夜間はこの順に明滅する趣向であった。市民は「奇観」であると噂しあい話題となった。場内のイルミネーションだけで、主催者は二万円という巨費を費やしたという。電気照明が落とされる午後一〇時まで、夜景見物だけに入場する者が絶えなかった（図10―6）。

この時は主催者側だけではなく、出展業者のなかにも電飾を売り物とした例があった。たとえば当時、日本の煙草業界にあって、東京の岩谷天狗と激しい競争のなかにあった京都の村井商店は、高塔を仮設した。その側面に自社銘柄である「オールド」の文字が大書されていた。このタワーも夜になると電飾がともり、また塔頂に燭光の投光器もあって、大阪の夜空に光の帯を投げかけた。

大正時代の後半になると、技術革新とともに新たな夜景の演出手法が米国などから紹介される。大阪でいえば、前章で紹介した大正十五（一九二六）年に開催された電気大博覧会などが注目される。三月から五月にかけて、社団法人電気協会関西支部が主催者となって、海に近い埋め立て地で開催された。

大阪における電気博覧会開催に際しては、事前に専門家からなる照明委員会を設置し、どのような照明ができるのか検討がなされている。委員会では、前年度、東京で実施された「電気文化展覧会」にあって、瓦斯入りの電球から失火したことに対して、注意が喚起された。電気のある生活を啓蒙する場にあって、電球からの火災だけは避けなければならない。先年の火災の原因を調べると、電球の近くに可燃性の装飾があり、電球を覆うようなかたちになって火がでたことがわかった。ここではそ

図 10-5 「協賛会接伴所夜景」（『第五回内国勧業博覧会紀念　写真帖』1903 年）

図 10-6 「正門夜景」（同上）

の種の事故を防ぐべく、規制が設けられた。

会場照明にあって面白いのは、第一奏楽堂のライティングである。音楽に応じて明暗を変え変化をつけたという。また噴水の電照では、これまでにない工夫がなされた。池面の水中を明るく照らし出し、硝子張りとした側面から眺めることができた。生きた魚が明るい水中を遊泳するところをのぞき見ることができた。また水晶塔の照明計画は尖端を行く試みであった。地上一〇メートルほどから下部に、五段に滝を落とした。色硝子が張られた頂部と中央部分、そして滝の内部に照明器を装置し、内から外を照らし出した。五色の光が、建物の中から外に発散した。当然、外部からの投光もあって、

図 10-7 絵葉書「電気大博覧会第一会場 夜の水晶塔」（著者蔵）

図 10-8　絵葉書「電気大博覧会水晶塔夜景」（著者蔵）

双方の光があい混じりあい、これまでになく美しく演出がなされた（図10―7〜8）。

空を照らすため、川崎造船の所有する一七基、海軍省から借用したもの三基、あわせて二〇基の探照燈が設置され、各種の色彩の光を踊らせた。また大阪湾に派遣された軍艦からも、日没とともに会場内をめがけて探照燈での投光があった。天空を舞台として、光によるスペクタクルが展開された（図10―1）。

三　赤い灯　青い灯

人々はイベント会場の夜景を見て、新たな都市風景を体感した。その後、実際の市街地の景観も大胆に転換する。その典型が、大阪を代表する水際の景観がある道頓堀界隈の変貌だろう。ここにあっては、建物の壁面を飾る巨大な電飾広告が独自の光景を創造する。

その心象風景は「赤い灯　青い灯」と形容されるのが常であった。ただ当初は白熱電球に着色したイルミネーションを各店舗が装置、その光を赤灯、青灯と見たようだ。しかし年号が昭和に変わる頃、ネオンの国産化の進展と低廉化、さらには新しい電気装飾を駆使した電気広告の創案が様相を一変させる。国産化に力を入れたのは東京電気（のちの東芝）である。日比谷公園での納涼会で「東京市主催納涼会」の文字を点灯し話題になった。男の子と女の子が向かい合ってシャボン玉を吹いているユーモラスな絵柄である。闇に子供たちの輪郭と、八つの風船のなかに八文字が浮かびあがる、なかなかにしゃれたデザインであった。その後、あいついでいくつかの企業がネオンサインの生産に参入する。

『拓けゆく電気』昭和十一年五月号に、大阪市電気局の宇野七赤が寄せた「電気サインを語る」と

図 10-9　「大阪　戎橋附近の夜景」（『照明日本』社団法人照明学会、1926 年）

いう論文では、ネオンサインの増加が強調されている。それに拠れば、数年前までは大変に珍しく目玉が飛び出るほど高価であったが、入手しやすい価格になったため、いまや東京市だけで三〇万尺に近いネオン管が夜の帝都を彩っているとしている。「場末のうどん屋の店頭にネオンサインが明滅し、カフェー、百貨店の外廓は光の交響楽で、いずれも夜の街頭で一目の争奪に狂っている」、「オーロラに似た一種神秘的な光芒は、広告媒体として最も効果的なものとして、夜の空に君臨している」などと書いている。

確かに、ネオン管の国産化と量産化が、この国の商店の店頭風景を、さらには繁華街の夜景をすっかり改めたといって良いだろう。道頓堀の川沿いにも、川への反射を意識して、各種のネオンサインや点滅する電気照明を組み合わせた最先端の電飾が装

図 10–10　「大阪　戎橋北詰のサイン」（『照明日本』）

図 10–11　「大阪　戎橋南詰　アドビル北側」（『照明日本』）

図 10-12 「大阪　戎橋南詰　アドビル西及南側」
（『照明日本』）

備されるようになった（図10―9）。

　道頓堀の夜景を革新した立役者は、大正末から昭和初年にかけて、またたくまに界隈に集積したカフェ群であった。大阪のカフェは、ジャズを演奏する専属楽団を持ち、女給とのダンスを売り物にする。従来の花街を圧迫する新興の営業形態であった。その景観は「赤い灯、青い灯、道頓堀の、川面にあつまる恋の灯に、なんでカフェーが忘られよか」（日比繁治郎作詞『道頓堀行進曲』）と唄われた。

　たとえば当時としては世界第一位、管全長四千メートルといわれたグランド・パレスのネオンサインが装備されたのは昭和八（一九三三）年のことだ。なかには店舗の屋号を表示するにとどまらず、スポンサーとなった企業名称、さらには広告コピーを点す例もでてくる。水際の建物の壁面、ひいては川面そのものが、広告媒体としての価値を持つようになる（図10―10～12）。

　水際にはいくつもの「明りの名所」が生まれる。松竹座の前、川側を正面として福助足袋が設けた高さ三二メートルの時計塔は、その足元に設けられたステージとあいまって、多くの人の視線を集めた。赤、黄、白、青、金、茶の六色、五千個を超える電球を用い、一部は点滅する画期的な電気サイ

図 10-13 「戎橋南詰」（大阪　福助足袋）（『京都　大阪　神戸　明りの名所』）

図 10-14 「大阪　戎橋北詰　グリコサイン」（『照明日本』）

図 10-15 「かき米」（大阪南区東櫓町相生橋南詰）（『京都　大阪　神戸　明りの名所』）

ンであった。のちにこの広告塔は、グリコのネオンサインに改築される（図10―13～14）。

停泊する水上レストランの電飾も進化する。北尾鐐之助『近代大阪』（創元社、一九三二）では、牡蛎料理の船店のなかに「ネオン・ライト船」が現れ、「青いネオン・ライトを、銀灰色に塗り立てた船の周囲にとり囲らせ」て営業をなしていたと報告する。北尾が指摘したネオン・ライト船のひとつが、相生橋南詰に停泊して営業していた「かき米」である（図10―15）。

道頓堀川の畔に出現した夜の景観は、実に特徴的であったようだ。昭和初年、画家の鏑木清方が西銀座の風景を「道頓堀近くのよう」に思われると表現したように、道頓堀はネオン輝くカフェ街の代名詞として全国に知れ渡った。たとえば神戸のカフェ街も「神戸の道頓堀」と呼ばれたようだ。

安藤更生は『銀座細見』（春陽堂、一九三一）のなかで、「『紅い灯、青い灯』という言葉がある。それはいつの世にも、都会的な華やかな、何か折華攀柳的な空気を表す言葉だが、その発光体は時代によって著しく異なっている。……現代においてはネオンサインだ。道頓堀行進曲はどうしてもこのネオンサインを歌うものでなければならぬ」と、わずか数年の時間の流れが人々の意識を鋭く変えたことを指摘する。

着色した電球を「赤い灯、青い灯」と呼んだ時代から、より刺激的なネオンサインが主流となるまでに、さほどの時間はかからなかった。人々の欲求も、灯火の変化とともに大きく変貌した。水際の巷は、新たな夜景を編み出すと同時に、従来にない都市の夜を創案したのである。

図 終-1「水の都の夏 河から見た大阪市」（大正 12 年 7 月 15 日『大阪毎日新聞日曜附録』）

終 水景——「浜」の再生へ

大阪市内の渡船の一ツ——泉尾町の渡し
天満橋の上で魚釣りに見とれて蝙蝠傘を河中に落し、人に頼んで探つて貰ふ人、下はその洋傘を拾ひ上げて大川を泳ぐ

一　水景の都市

景観を意味するランドスケープとは文字通り、ランド、すなわち陸地の景色のことを指す。どこまでも広がる大地、山林や草原といった自然の景物とともに、耕作地や牧草、ひいては都市や建築など、人の手がけた地面も含むものだ。対して、陸地ではない地上の景物、たとえば海や河はなんと呼ぶべきなのか。樺山紘一たちは「ランドスケープ」と対になる概念として、「水景」ないしは「ウォータースケープ」という造語を提示している（『季刊大林　別冊　水景の都市』二〇〇九年五月、株式会社大林組広報室）。

川に面した景観は、その街で暮らす人々の生業をおのずと反映する。淀川と大和川が湾に流れ込む河口に発達した大阪も例外ではない。ふるく難波津の時代から、大阪は国際的な交流拠点であった。また近世には各藩の蔵屋敷と米の市場を中核に、「天下の台所」と誇る経済都市となる。

この都市の発展を、縦横に開削された堀割のネットワークが支えた。商いだけではない。淀川舟運や琴平への参詣船の中継港であったがゆえに、観光都市という側面も持つ。東横堀川沿いの浜蔵、道頓堀川に面した芝居茶屋群、大川や土佐堀川にのぞむ旅館群など、河川沿いの景観に大阪の個性が反映する。加えて四ツ橋や天保山、難波橋や天神橋といった大川沿いの橋梁群など、水路沿いの風情が都市を代表する名所になった。

手元に明治時代の大阪市街地を描いた一連の木版画がある。いずれも川沿いの景観を扱ったものだ。戎橋北詰を描いた絵には、欄干には瓦斯灯が設置され、人力車が行き交う様子がある。橋のたもとに置かれた時計を珍しく見上げる人々がいる。大川や太左衛門橋の景観では、遠景に煙をはきだす工場

図 終 -2　日本橋西詰より道頓堀を望む（著者蔵）

図 終 -3　戎橋（著者蔵）

図 終 -4　戎橋北詰（著者蔵）

図 終 -5　淀今橋大川を望む（著者蔵）

図 終-6　新町橋東詰より（著者蔵）

図 終-7　太左衛門橋（著者蔵）

図 終-8　浪華橋東詰より（著者蔵）

図 終-9　本町橋西詰より（著者蔵）

の煙突が描き込まれている。新町橋や戎橋の図では、電灯が設けられ、電線が宙を横切る様子が強調されている。廓や盛り場にいち早く、文明の灯りが点ったことが判る。浪華橋の景では、対岸の中之島に西洋館がみえる。大阪ホテルの偉容だろうか。本町橋や浪華橋、戎橋の図では、護岸の上に企業の巨大な広告板が掲出されている。江戸時代から継承された文化や風俗を元に、近代的な景物が加味されている様子が見て取れる（図終―2〜9）。

大阪では、市街地にめぐらされた水路や河川に沿って、人々の生業があり、生活があった。その景観は、随所に「水景」のある、いわば「水景の都市」と呼ぶにふさわしい。

二　川からみた都市

近代にあって、大阪は新たな「水景」を得る。公共施設やオフィスが集積しビジネスセンターとなった中之島周辺、株屋の西洋館やビルディングが建設された北浜界隈など、都市の近代化を物語る景観が都心部にかたちづくられた。明治時代後半、水辺の風物はパリやベニスにたとえられ、大阪は「水の都」あるいは「水都」という美称を獲得する。

その評価が新たな景観形成に活かされる。大正や昭和初期、道路拡幅に応じて中之島・西横堀川・東横堀川などにかかる橋梁を刷新した際には、パリを意識した質の高いデザインが採用された。

もっともその華やかな近代化と表裏一体となって、生活感のある水景も注目された。大正十二（一九二三）年七月十五日に発行された『大阪毎日新聞日曜附録』に「水の都の夏　河から見た大阪市」という写真構成の頁がある。新聞社が所有したモーターボートの上から、写真班が大都市のウォータースケープを活写したものだ（図終―1）。

川面には、さまざまな船がゆきかっていた。渡し船、貸しボート、料理屋の船など。水上警察も手漕ぎのボートで巡邏している。川岸で遊ぶ子供たち、中之島公園の剣先で寝て休む人々がいる。木津川尻では堤防に沿って設けられた足場で仕事をする人の姿があった。「一日を宙に暮す人達」と説明する。

川岸では、日々、さまざまな出来事がおこる。大川に糸を垂らして魚釣りに興じる人がいた。それを橋の上から眺めている人もいた。そのなかの一人がたまたま蝙蝠傘を水中に落としたようだ。それを見て川の中に入り、探しあてた傘を口にくわえて岸に持ち帰った人がいた。きっと拍手かっさいを浴びたことだろう。一連の様子が組み写真で紹介されている。

川からの景色が、陸からの景色を補完することがある。裏から見た昼の松島新地の風情、道頓堀の茶屋で二階の客を呼ぶところを写したカットもある。川に突き出すように多数の洗濯物が干された景観は、そこが非日常を本質とする盛り場であるがゆえに、いっそう生活感が際立つ。

大阪の水際の景観にあって、もっともこの都市の個性を示していたのが、船上で暮らす水上生活者の姿と、簾を四面に垂らす船料理屋だろう。「水の都の夏　河から見た大阪市」でも、その様子が撮影されている。

三　都市再生と水際

さて、今日の「水景」に目を移してみよう。東横堀川や道頓堀を眺めながら育った私の原風景は、汚れきった泥まみれの川と、高架道路に光を遮られた薄汚れた川岸である。大阪の都市再生にあって、私はとりわけ河川及び水路を軸とした地域の再生、いわゆる「水都再生」にこだわり、実際、深く関わってきた。その背景には、記憶のなかに染みついた異臭の漂う暗い川筋を、光のあたる場に改めたい、健やかで多くの人が集う場に改めたい、という強い信念がある。

工業社会から知価社会への転機にあって、わが故郷である大阪を、産業と文化の両面にあって魅力的に輝かせるためには、長い間、その存在価値を失っていた空間に注目することが必要である。川筋や水際の空間もそのひとつである。

経済を優先する社会にあって、時に軽視し、また時に放置してきた、都心を縦横に流れる水路網は、戦前までは産業の大動脈であり、同時に人々の生業を支えるライフラインであった。しかし戦後復興から高度成長を果たすなかで、その役割を終え、多くの河川は埋め立てられ、また水路の上や跡を縫うように高速道路が建設された。しかしいまや状況は変わりつつある。今日から未来を生きる私たちの努力をもって、水際、および河川空間に、もういちど手を入れ、新たな価値を創造する場として再生させることは、おおいに意義のある事業だと重ねて主張してきた。

もちろん提案だけではなく、実践が伴わなければ意味がない。鉄道の新線工事に関連して中之島公園の改修を行う際には、方針を構築するとともに、デザインを選定する役割を担った。現在では、中之島周辺の堤防の利活用について議論をする場である中之島水辺協議会の会長を務めている。水辺を大阪再生のシンボルとするべきだという私の信念は、二十一世紀になって順次、かたちをとりはじめる。

いっぽうハード整備だけでは、真の意味での都市再生にはならない。水辺や河川をもっと利用した

図 終-10 「水都大阪 2009」の光景

図 終-11 「水都大阪 2009」の光景

いという市民の想いと行動が蘇生しなければ、さらにいえば、市民が愛着をもって水際を使いこなし、同時にその景観が多くの市民にとってわが街の誇りとなる状況を創らなければいけない。

そのためには水都再生をひろく市民にアピールすることが必要だと考えた。大阪市立大学大学院文学研究科が新専攻を立ちあげた時、私は国際シンポジウムに関連して「水都再生」を主題とする建築展覧会を企画、そこでの提案が舟運や水辺に市民の意識を向けようとするＮＰＯの立ち上げにつながった。さらに私は大阪ブランドコミッティの「水都」チームの座長として、「水の都」を都市の誇りとするために必要な提言を行った。

中之島公園周辺をたえず市民が利用するような水際としたいという想いは、プロデューサーを務めた都市再生のシンボルイベント「水都大阪二〇〇九」に結実する。整備された水際にメガアートが出現し話題となった。中之島周辺を美しく輝かせる「光のルネッサンス」などを展開する「光のまちづくり推進委員会」とともに、水際に新たな名所、いわば従来にない「ウォータースケープ」を創出する試みでもある（図終—10〜11）。

四　誰もが水辺を利用できる権利

もちろん市内の水路を軸のひとつとして、都市再生をすすめているのは大阪だけではない。一九九〇年代、シンガポールでは、川筋にある古い倉庫地区を魅力的な飲食店街に転換して成功をみた。ソウルでは水路を覆っていた高架道路を撤去、人々が時間を過ごすことができるせせらぎに転じさせた。

産業革命の先駆である英国、たとえばマンチェスターに、よき先例がある。一七六一年、マンチェスターと郊外の炭鉱を結んで開削されたブリッジウォーター運河を手始めに、各地に運河のネットワークが構築された。しかし鉄道や道路の発達で、舟運は主役の座から追われる。そこで一九六八年に制定された交通法では、レジャー船や釣り人の利用を前提とする水路、健康やアメニティのために必要な水路といった分類が示された。役割を終えた交通基盤に、新たな機能を託したわけだ。

再開発の気運がたかまるのは八〇年代、サッチャー政権下のことだ。都市開発公社やエンタープライズゾーン制度の導入を契機に、各都市で内陸水路沿いの遊休地の再整備がすすんだ。ここで強調したいのは、都市的な再開発地区にあっては、誰もが水辺に近づくことができ、なおかつ随所に船を繋留できるような水際の整備が実に美しく、また見事にデザインされている点だ。

秋山岳志氏の報告書『イギリスにおける水路・水辺の利用と管理』(法政大学大学院エコ地域デザイン研究所、二〇〇八)を読んで、英国の人々のあいだに「通行権」への想いが強いことを知った。たとえ王侯貴族の土地であっても、すべての人に通行する権利が保障されるという考え方である。農地や牧草地を横切る通行路が確保されているのはそのためだ。この信念が岸辺にも適用される。主要な運河を管理する公益法人ブリティッシュ・ウォーターウェイズは「Access for All(すべての人にアクセスを)」をスローガンに、水路沿いの側道を一般に開放、また随所に船の短期繋留場所を確保している。

日本の都市とは対照的だ。わが国にあっても、河川の利用は本来は自由であり、法的な制限はない。しかし岸辺の管理は厳密だ。水際まで降りることができる親水護岸も以前よりは増えたが、ほとんどの岸辺は船の着岸を想定していない。近年になって「防災」をうたい文句に公共桟橋の整備もすすんではいるが、緊急用であるがゆえに通常の利用は少ない。公共空間に対する意識が違うため、英国にあるような水際を整えることは現状では難しいだろう。ただ、公共の桟橋を、一般の人がもっと簡便に使用できる仕組みは工夫されて良いはずだ。

五　水際の「自由空間」

大阪にあっても、水際をもっと自在に、活用することができるのではないか。人々のさまざまなアクティビティを受け入れる場にすることができないか。関係者の努力が重なり、高潮対策や治水工事が完了した結果、大阪にあっても水際に魅力的な場が生まれつつある。

一例が八軒家浜だ。天満橋駅から土佐堀通を西へ歩をすすめると「八軒家船着場の跡」の碑がある。城下町の頃、ここに京街道筋の川港があったことを今に伝えるモニュメントである。珍しい名称は、かつてこの場所に八軒の旅籠があったことに由来する。ふるくはこのあたりを「渡辺津」あるいは「窪津」と称した。京の都から熊野に参詣に向かう人々は、鳥羽や山崎から船に乗って川を下り、この場所から陸にあがって聖地への巡礼を始める。今も少し南に歩くと坐摩《いかすり》神社行宮があるが、かつて熊野九九ヶ所の第一王子である渡辺王子（窪津王子）が祀られていた名残だそうだ。八軒家は熊野街道の出発点であり、水路と陸路と連絡する結節点であった。

江戸時代、八軒家は京・伏見と大坂を結ぶ三十石船の発着場となった。また野崎参りの遊山船なども往還、界隈は旅人や商人でおおいに賑わった。明治時代になっても状況は変わらない。文明開化の象徴である外輪船が京都と大阪を結ぶ大動脈となった。しかしその地位は鉄道に奪われる。明治四十三（一九一〇）年、京阪電車の開通によって淀川舟運が衰退、界隈の活気も失われた。

再評価が始まったのは近年である。中之島新線の建設に併せて、川に沿って営業をしていた駐車場と護岸を再整備する際、かつてこの地が果たしていた交通ターミナルという役割に光があてられた。府と鉄道事業者とが連携、駅のコンコースと船着き場が連絡する川辺の交通拠点を整備するとともに、川に面して開放的な公園が整えられた。

事業に対して意見を求められるなかで、私は「浜」という接尾語にこだわった。かつて大阪には、市街地の至るところに「〇〇の浜」と呼ばれる親水空間があった。大阪が水都再生をうたうのであれば、誰もが水辺に近づくことができ、さまざまな船が停泊することができた大阪独自の「自由空間」、すなわちかつての「浜」を、随所で復活させることが第一だと思ったからだ。

私の想いを関係各位が受け止めてくれたようだ。八軒家は「船着場」という機能的な呼称ではなく、大阪固有の「浜」という名前で呼ばれることになった。「浜」の一文字に、水都再生への私の想いがこめられている。

六　水辺の景物を楽しむ

船着き場だけではない。もっと多様に水辺の魅力を楽しむことができないか。二〇〇九年の秋、北浜交差点の近傍、土佐堀川にそって伸びる堤防のところに木製の屋外デッキが出現した。川に面したビルの一階で営業している各飲食店が、窓から川側の堤防側に張り出すように設けたテラス席である。新たな川床は、「北浜テラス」と命名された。

私は以前より、地域でまちづくりをすすめている仲間と、中之島近傍で京都の鴨川や高雄にある「床席」があれば心地よいのだが、という話をしていた。聞くと大阪会議で知られる花外楼をはじめ、地

図 終-12　北浜テラスの光景

図 終-13　北浜テラスの光景

元の飲食店の経営者やビルのオーナーの間でも、以前から川側に席を設けてはどうかという意向があったそうだ（図終―12〜13）。

しかし堤防と川沿いのビルのあいだの隙間の土地は、公共が管理しており、通常は民間の事業者が使用することは難しい。今回は水都大阪の魅力を見直そうという一連の動きのなかで、多くの人の想いがひとつになり、社会実験が認められたかたちだ。

近世初頭の大坂を描いた屏風絵を眺めると、水路にせりだすように床を設けている店が描かれている。また江戸時代から大正時代に至るまで、八軒屋から北浜、難波橋周辺の土佐堀川沿いでは、川筋に沿って料理旅館が軒を並べていた。古い絵図や明治から昭和初期の写真を見ると、川側に縁をせり出して眺望を売り物にしていた店もある。また屋根のうえに物見台のように縁台を設けて、そこで宴をしている例もある。天神祭の花火見物には特等席となったことだろう。床席とは異なるが、川面をわたる涼風を浴びて一時を楽しむ納涼の場になっていた。

現代の川床である「北浜テラス」の座席からは、川越しに大阪市中央公会堂や難波橋など、かつての大阪を代表する「水景」を見晴らすことができる。現代的な「大阪川床」は、私たちがいちどは忘れ去った水辺での楽しみ方を思い起こさせるものだ。

大阪における河川沿いの都市再生は、一定程度の実績をあげつつある。ハード事業、ソフト事業に加えて、多くの市民がコミットしつつ、「水都」という大阪の新たなブランドイメージを共有する状況ができてきた。この機運を、次の都市開発、さらにはソフト事業につなげてゆくことが必要だ。河川沿いに位置する都市の再生は、水路に沿った景観を楽しむ権利を市民の手に取り戻すと同時に、新たに魅力的な「水景」を随所に産み出す試みにほかならない。

あとがき

大阪が故郷である。

ガスが湧くほどに汚れ、時に異臭すら漂った東横堀川の近傍で生まれ育った。父親の会社が安治川沿いに移転した際、屋上から眺めた此花の川筋にひろがる工場地帯の風景に衝撃を受けた。汚れた川筋が、わが郷里の光景として心に深く刻まれた。対照的に、ネオンサインが華やかに照り返す道頓堀も、子供時分からのテリトリーであった。お世辞にも美しくはない工業都市の水辺と、この世のものとは思えない明るい人工的な繁華街の水辺が、ともに等しく、懐かしく感じられる。今日にまで継承された水辺空間への強い想い入れは、子供の時に五感をもって感じた大阪の川筋での体験に由来するものだ。

以前、『海遊都市――アーバンリゾートの近代』（白地社、一九九二）という本を上梓したことがある。タイトルにあるように、明治時代から昭和戦前期にかけて、海水浴場や遊園地といった遊興施設、別荘地開発などに関して、大阪湾岸で行われた諸々の事例に焦点をあてつつ、その経緯を紹介し、都市史の文脈で再評価を加えた論考をまとめたものだ。日光浴や海水浴など都市衛生思想の実践と関連施設の動向、資産家向けの海浜リゾートの形成と、新聞社や鉄道会社による大衆化、そして人々がいかに浜辺での楽しみを受容したのかを社会史・文化史の観点から論じた。

同書で特に強調したかったのは、民間デベロッパーによる都市近郊の開発における多様性である。

大阪湾岸では、阪神電鉄による「阪神間」の事業、すなわち甲子園や香櫨園などでの展開と、南海電鉄が主導した堺や泉州での事業、すなわち大浜や浜寺での地域づくりとが、あきらかにライバル関係にあった。双方を対比し、さらに大阪市域における土地会社の動向を参照することで、都市開発主体ごとの理念や手法の本質があきらかになると考えた。「都市史」でもなく、「都市計画史」でもない。主体を明示した「都市開発史」なる研究領域を提唱しようと考えた。

その際、深く考えたキーワードが「埋め立て」という土地造成の行為である。大阪に限らず海に臨む世界の多くの都市は、水面を埋め立て、あるいは干拓することによって、新たな土地を造成し、開発することを繰り返してきた。地先の新開地は、新たな時代が必要とする新規の都市利用を受け入れる。海浜が近世には新田や新地となり、近代においては港湾や空港、あるいは工場用地や産業廃棄物処理場として活用される。とりわけ大阪など、デルタ地帯に成立した都市にあってはこの傾向は顕著だ。恩師である鳴海邦碩先生（現・大阪大学名誉教授）の指導を受けつつ、大阪という都市の本質を「埋立都市」という概念で議論した時期もあった。

当時、大学院生であった私は工学研究科に籍を置きつつも、フェルナン・ブローデルの『地中海』や、彼が指導的役割を果たしたアナール派の歴史的叙述の方法論におおいに刺激を受けていた。圏域のさまざまな関係性について述べて、いわば「全体史」を目指す『地中海』は、「新しい歴史学」のさきがけとなった。いっぽうで「感性の歴史学」を説く、アラン・コルバンの著作にも影響を受ける。『においの歴史――嗅覚と社会的想像力』（一九八八年／新版一九九〇年）、『娼婦』（一九九一年／新版二〇一〇年）、『浜辺の誕生――海と人間の系譜学』（一九九二年）と、あいついで翻訳がなされた時期だ。とりわけ『浜辺の誕生』という本の着想に共鳴した。怖れと嫌悪の淵源であり、時に怪物が棲まうとされた混沌とした「浜辺」を、人々は快楽と健康の場へと転じさせ、わが掌中のものとする。

神学・医学・生物学・地質学といった科学に拠る言説と、絵画・旅行・海岸保養・社交界の卓越化といった生業の分析を横断しつつ、「浜辺」というリゾート空間の誕生を壮大なスケールで描いたものだ。

歴史研究の碩学が大著でものにした方法論を、いかに建築や都市計画といった工学研究の領域に取り込むのか。『海遊都市――アーバンリゾートの近代』という小著は、私なりの「浜辺の誕生」を描く試論であった。もちろんその後も、大阪の海辺をめぐる「都市開発史」への関心は継続する。いっぽうで、師である上田篤先生(現・京都精華大学名誉教授)が提唱した「水網都市」(あるいは「水辺都市」)というアイデアを、私なりに発展させることが弟子としての使命であると以前から考えていた。結果として私の想いは海から川筋を市街地内へと遡上することになる。折にふれ、大阪の水辺や川筋、あるいはベイエリアに関する歴史に関わる断片的な文章を発表し、またいくつかの実際の開発案件や公園整備などに関与してきた。

近年、とりわけ大阪で展開される「水都再生」に深く関わるようになって、大阪の水際に関する著作を再度、まとめたいという想いにかられるようになった。特に九二年に刊行した『海遊都市――アーバンリゾートの近代』を、現時点での思考に沿うように根本的に増補のうえ改稿したいという考えがあった。同書が地方出版社の扱いであったため、出版直後から書店流通も十分ではなく、現在ではそもそも入手が困難であるという状況が背景にある。一時、古書店では、定価の数倍以上の値段がつく稀覯本になっていて驚いた覚えがある。

そんなおりから藤原書店の藤原良雄社長から、同じ大阪人として大阪を元気にすることが必要だ、もっと発信せよという檄を受ける機会があった。藤原書店の雑誌『環』への連載を打診された際、かねて暖めていた水辺からの「大阪論」を発展させてみたいという想いを告げ、快諾をいただいた。藤原さんが、先に紹介した『地中海』や『浜辺の誕生』など、アナール派やコルバンの著書を日本に紹介した人であったのも運命だと感じた。

本書は『環』誌の第30号（二〇〇七年七月）から第43号（二〇一〇年十月）まで連載させていただいた一連の文章を再構成したものだ。私が所蔵する資料を中心に多くの図版を掲載して、ビジュアル的にも興味を持ってもらえるものにしようと心がけた。同誌には他の著者が深い論考を寄せておられるなか、私のページだけ図版が目につき、異質であったように感じたのは思い過ごしだっただろうか。連載では、これを好機として、九二年に出版した前書に収めた文章、そのほか、これまでの単行本に未収の既発表の文章を活かしつつ、大幅に加筆のうえに改稿した回もあった。一九年前にすでに『海遊都市』を手にされた方は、内容が重複していると思われるだろうが、ここに記した経緯を含めて、大幅な増補改訂を施した新版であると御了解いただければ幸いである。

連載時、および単行本化に際しては、編集部の刈屋琢さんにおおいにお世話になった。またときおり御会いする藤原良雄社長の豪気な笑顔に、なんども励まされた。この紙幅を借りて、感謝の想いを記しておきたい。

二〇一一年二月　大阪北浜の定宿にて

著者記

著者紹介

橋爪紳也（はしづめ・しんや）
1960年大阪市生まれ。大阪府立大学21世紀科学研究機構特別教授。大阪府立大学観光産業戦略研究所長。大阪市立大学都市研究プラザ特任教授。建築史・都市文化論専攻。工学博士。京都大学工学部建築学科卒業，京都大学大学院工学研究科修士課程・大阪大学大学院工学研究科博士課程修了。
著書に『大阪モダン』（ＮＴＴ出版）『祝祭の〈帝国〉』（講談社選書メチエ）『飛行機と想像力』（青土社）『モダニズムのニッポン』（角川選書）ほか多数。

「水都《すいと》」大阪物語《おおさかものがたり》——再生《さいせい》への歴史文化的考察《れきしぶんかてきこうさつ》

2011年3月30日　初版第1刷発行 ©

著　者　橋　爪　紳　也
発行者　藤　原　良　雄
発行所　株式会社　藤　原　書　店

〒162-0041　東京都新宿区早稲田鶴巻町523
電　話　03（5272）0301
ＦＡＸ　03（5272）0450
振　替　00160 - 4 - 17013
info@fujiwara-shoten.co.jp

印刷・製本　中央精版印刷

落丁本・乱丁本はお取替えいたします
定価はカバーに表示してあります

Printed in Japan
ISBN978-4-89434-791-5

感性の歴史という新領野を拓いた新しい歴史家

アラン・コルバン（1936-　）

「においの歴史」「娼婦の歴史」など、従来の歴史学では考えられなかった対象をみいだして打ち立てられた「感性の歴史学」。そして、一切の記録を残さなかった人間の歴史を書くことはできるのかという、逆説的な歴史記述への挑戦をとおして、既存の歴史学に対して根本的な問題提起をなす、全く新しい歴史家。
「過去の人びとを知るには彼らのまなざしで眺め、彼らの感情を追体験する以外に方法はないのです」と語る一方で、「歴史の対象を探究し発見することは、詩的な手法に属します」と語るコルバンは、徹底した史料批判の精神と飛翔する想像力を矛盾させることなく総合する。

「嗅覚革命」を活写

においの歴史
〈嗅覚と社会的想像力〉

A・コルバン　山田登世子・鹿島茂訳

アナール派を代表して「感性の歴史学」という新領野を拓く。悪臭を嫌悪し、芳香を愛でるという現代人に自明の感受性が、いつ、どこで誕生したのか？　十八世紀西欧の歴史の中の「嗅覚革命」を辿り、公衆衛生学の誕生と悪臭退治の起源を浮き彫る名著。

A5上製　四〇〇頁　四九〇〇円
（一九九〇年一二月刊）
◇978-4-938661-16-8

LE MIASME ET LA JONQUILLE
Alain CORBIN

浜辺リゾートの誕生

浜辺の誕生
〈海と人間の系譜学〉

A・コルバン
福井和美訳

長らく恐怖と嫌悪の対象であった浜辺を、近代人がリゾートとして悦楽の場としてゆく過程を抉り出す。海と空と陸の狭間、自然の諸力のせめぎあう場、「浜辺」は人間の歴史に何をもたらしたのか？

A5上製　七六〇頁　八六〇〇円
（一九九二年一二月刊）
◇978-4-938661-61-8

LE TERRITOIRE DU VIDE
Alain CORBIN